心若从容 便是优雅

献给每一个成长中的女子

张其姝 著

中国出版集团　现代出版社

图书在版编目（CIP）数据

心若从容，便是优雅 / 张其姝著. -- 北京：现代出版社, 2017.9

ISBN 978-7-5143-6429-3

Ⅰ.①心… Ⅱ.①张… Ⅲ.①女性 - 人生哲学 - 通俗读物 Ⅳ.①B821-49

中国版本图书馆CIP数据核字（2017）第214837号

著　　者	张其姝
责任编辑	杨学庆
出版发行	现代出版社
地　　址	北京市安定门外安华里504号
邮政编码	100011
电　　话	010-64267325 64245264（传真）
网　　址	www.1980xd.com
电子邮箱	xiandai@cnpitc.com.cn
印　　刷	三河市京兰印务有限公司
开　　本	880mm×1230mm 1/32
印　　张	8
字　　数	210千字
版次印次	2017年11月第1版　2017年11月第1次印刷
标准书号	ISBN 978-7-5143-6429-3
定　　价	38.00元

序
每个姑娘都生而不俗

"我未成名卿未嫁，可能俱是不如人。"

这是很久以前读过的诗，印象深刻，出自罗隐。这个才华横溢的男人，江湖落魄，面对十年前相识的姑娘，他心酸地嘲讽着："是啊，我没能金榜题名，但你也照旧不如意，倚门卖笑，迟迟未嫁。"

你看，男人要是刻薄起来，直中要害，翻脸无情。但许多女人还是期望能倚赖男人，因为女人要过得如意，实在不容易。

我认识一个好姑娘，姓朱。

"不劳朱粉施"的朱，"看朱成碧思纷纷"的朱，"朱槿开时，尚有山榴一两枝"的朱。

她28岁，年纪正好，在以色列的哭墙下站着，红唇青眉，对着镜头笑，美得惊艳岁月。

她比谁都独立，一个人去西藏，去漠河，去内蒙古无人的冰天雪地。寄回来的照片里，她不露面，只有长长的铁轨不知道通向哪儿，沿途都是荒草，暴雨过后，空无一人。

她深夜去看海，在没有人烟的小岛，海浪声鼓噪如心跳。

她偶尔抽烟，剥完一整只橙子的手，会有奇异的香气，混合着烟草的潦倒。

她不喜欢喝酒，但她喜欢找人喝酒，香槟、黑啤、伏特加、威士忌，美丽的颜色背后，一堆硬邦邦的语言就像骨头，是卤过而辛辣的骨头。

她的工作是新闻摄影，天南海北地跑着，和衣冠楚楚的青年喝咖啡，和穷困潦倒的老农放羊，和惶惑的艾滋病患者吃饭，和路边的摇滚歌手聊天。

可是，她总遇人不淑。

他年轻俊朗，瘦而高，在台上唱崔健的《花房姑娘》，是一种认真的勾引。但他心里有一颗朱砂痣，在新欢和旧爱之间，优柔寡断。

他是儒雅书生，最擅长柳体，右手腕上长年戴着一串檀木珠子。他们去卧佛寺，在佛像面前，她点了一支烟，他出声制止，她情不自禁地顺从。两个小时，她撞见他和另一个女人，在佛像面前，虔诚与温柔都如出一辙。

她一次又一次的失恋，然后一次又一次的遇见爱。

她说："失恋算什么？那说明我值得更好的人。"

我认识另一个姑娘，姓李。

"桃花能红李能白"的李，"桃李春风一杯酒"的李，"投我以桃，报之以李"的李。

她爱下厨，仔仔细细地剖一条江鱼，并刀如水，添上吴盐和陈醋，味道辛辣而长。

她偶尔写点诗，那三言两语，都像是柔软的桃花瓣。

她喜欢茶，约上几个老友，谈天说地，聊聊风月，安安静静地耗上一天。

她闲了，一个人背着鱼竿去钓鱼，走上长长的路，找个不知名的野湖。

她恋家，管家里的老太太叫姐，太阳落山时，两人相互挽着手，慢悠悠地散步。

可惜，她没有好皮囊。

她暗恋一个人，很多年了。她把他比喻成蒹葭，月色如水的夜里，她闻着桂花的香气翻来覆去，睡不着，披衣而起，给他写一封不会寄出去的信。

她有浅浅的酒窝，笑起来的时候，就像十来岁的孩童。但他喜欢灿若朝瑰的赵敏，喜欢一身翠衫的岳灵珊，喜欢那种狡黠和美。

她坐十几小时的火车，去他的城市，笑眯眯地试探："嗨，请我吃顿饭吧。"

她去参加了他的婚礼，喜气洋洋地道贺，绝口不提那些信，搁在箱子底，落满了灰。

她喝多了，对着老同学痛哭，那不是梨花带雨，是灰头土脸的狼狈。

多少姑娘都嚼过了这样的局促和不甘心。

愿花好，愿月圆，愿总成空。

但所有美好都无一例外的脆弱，她们身怀宝藏，难免引人觊觎。情动而懵懂，惑人而无辜，芬芳而有刺，这都是痛苦的根源。

林花谢了春红，太匆匆，无奈朝来寒雨晚来风。

有些故事就像烧透了的灰烬，除了一点回光返照的余热，什么都不剩。有些人就像朝露待日晞，堪堪正好风华，美人尚小，英雄年幼。

每个姑娘都生而不俗，以笑，以智慧，以明媚。如果来得及，希望所有的姑娘在天黑之前都能擦了眼泪，一晌好梦，并且，美梦成真。

要知道，前路虽然漫长，脚下虽然布满荆棘，但痛苦不会永无止境。挨过这含泪吞声的片刻，便是步步生花的荣光。

这是一场浩大的奔赴，也是冷暖自知的修行；是一次单枪匹马的行走，也是投石问路的求道。

到最后，我们都会变得更好，哪怕未尝所愿，也是心如菩提。

目录

1. 可以原谅，不可以遗忘

青青是我的朋友，一个独自在外闯荡的女孩，年轻独立，坚韧能干。她长得不算漂亮，笑起来有小小的酒窝，看着很舒服。

她与男友同居，就住在我隔壁，有好几次碰面，他们都是手挽着手，一起去超市采购或者下楼遛狗，看着很恩爱。熟悉以后，我才知道他们在一起多年了，从大学生到职场精英。

青青是知名杂志的摄影师，和各路人打交道，性格好得没话说，既豪爽又仗义。她虽然常常天南海北地出差，在家时间不多，但是整个楼层的人都喜欢她，碰到了，总能说上几句话。

S小姐就是其中一个。她是一个十八线模特，没什么名气，但长得漂亮，身材棒，还嘴甜，一口一个"青姐"。青青热心地牵线搭桥，帮着找了几个广告拍摄的机会，S小姐也很识趣，三五不时地邀约她出游，上门帮她照顾宠物狗。

这段融洽的关系竟然很快出现了裂隙。

某次提前回家的青青，意外撞见了S小姐与男友的地下情，她大为震惊，当下甩了男友一耳光，扬长而去。

青青的男友从事金融行业，工资不错，相貌不错，家境更不错，尽管S小姐有众多备胎和追求者，但这并不妨碍她惦记别人家的金龟婿。事发后，青青的男友道了歉，利落地提出分手，反倒是S小姐，抱着青青痛哭流涕，口口声声说着"对不起"，请求她的原谅，希望还能继续做好姐妹。

如果一个女人无耻到理直气壮的地步，她还真是战无不胜。这种胜利不是因为她的战斗力有多强，而是人家不屑于和她计较，就像秀才遇到兵——有理说不清，生怕辱没了自己的风度，所以宁肯装聋作哑，避而远之。

青青当天就搬走了。我送她离开，干巴巴地安慰了几句："这年头贱人太多，犯不着为了他们生气。"

"我是气我自己，一个男朋友，一个姐妹，我竟然没看出他们是什么样的人。"青青元气大伤，黯然道，"算了，就当给自己一个教训吧。"

她换了住址，我们还是保持着联系，偶尔也约出去聚聚。我告诉她，S小姐一直试图打听她的近况，青青摇头，完全不想再提到这个人。

时间永远是最好的疗伤药，两年后，青青已经是业内小有名气的女强人，她辞了职，自己开了家摄影工作室，经营得有声有色。

再见面时，她谈笑风生，主动和我聊起S小姐，大有一笑泯恩仇的架势。没多久，S小姐就找上门了。

"青姐，我错了，你还怪我吗？"她哭得梨花带雨，眼影和睫毛膏糊成一团，"我真不是故意的，我现在也和他分手了。"

她哭哭啼啼的，神色有几分委屈。可能对男人来说，劈腿就像是抽烟，不会抽的时候便不惦记，一旦学会了，很容易成瘾。青青的前男友尝到了甜头，和S小姐在一起后，很快又另结新欢了。

"青姐，你能原谅我吗？"S小姐楚楚可怜地看着她，"你看，咱们也算是同病相怜。"

我听得目瞪口呆，简直要为这位S小姐拍手叫好。这是什么强盗逻辑？对，我伤害过你，但是我现在也被伤害了，所以咱们扯平了，你就不能有点同情心，看在我这么难过这么有诚意的分上，大方地原谅我吗？咱们还可以做朋友。

谁要跟这种人做朋友？

"为了他，我连工作都辞了。" S小姐声泪俱下，"我现在什么都没有了。"

她泪眼婆娑的样子实在狼狈，不依不饶的态度也很烦人。青青很大方地说道："事情已经过去了，咱们就别提了，我不会记仇的。"

"真的？你太好了！" S小姐喜极而泣，冲过来抱她，"青姐，我要向你多学学。听说你办了自己的工作室，还做得很不错，女人还是得有自己的事业啊！"

青青佯装听不出她的话外音，不咸不淡地安慰了几句。S小姐几次试图打听她的工作室，她都一一扯开了话题。

从这以后，S小姐恢复了之前的热络，常常做些精致的美食送上门，有空便到工作室帮忙，偶尔也当一回免费模特。青青也似乎真的不介意了，出去逛街吃饭时，都会叫上S小姐；对方生日时办了个小party，她不仅参加了，还大方地送了一个名牌包；她们甚至还一起去旅行了。

我私下问青青："真的就这么翻篇了？你心真大。"

"当然是真的，"青青认真地说道，"我见过那么多人，从不犯错的，还真没有，S小姐也算知错能改吧。再说了，我心里老惦记着他们那点破事，自己的日子也过不好。"

我点头称是，她话锋一转，继续说道："我原谅她，不等于我就忘了她做过的事。人不能好了伤疤忘了痛吧，同样的错误，我不会犯第二次。"

这话说得聪明，值得点赞。

我后知后觉地想起来，青青没有将自己的新男友介绍给S小姐认识；她帮S小姐介绍工作机会，但从来不提让她加入自己的工作室；她和S小姐会聊聊人生和理想，讨论明星和穿衣，但很少涉及自己的私事；凡是涉及S小姐的金钱交易，她几乎不沾染。

她不是刻意防备S小姐，她只是适当地保护自己。

人和人相处还真是个技术活，有时难得糊涂，有时必须清醒。林子大了，总有那么几只乌鸦会聒噪，若是揪着不放，未免有失风度。再说了，念念不忘，必有一伤，你带着恨也没法开始新的生活，还不如选择原谅，让别人好过，更重要的是让自己好过。

但是，一颗心脏的承受能力是有限的，经不起一次又一次的中伤、流言、诋毁、伤害和背叛，所以你得学会长记性。原谅她？可以，别再让她伤害你。

原谅与否，是你的风度；遗忘与否，那就是你的智慧了，聪明的农夫是不会让蛇咬第二口的。

2. 得体比美貌更重要

在这个看脸的社会，有了美貌，就是如鱼得水、如虎添翼，那些俊男美女比谁都明白。

阿九从小就长得好看，杏眼桃腮，邻居都喜欢逗她，给她买漂亮的糖果；进了幼儿园，她得到的小红花总比别人多；读小学时，她已经开始收到男生的情书和早餐；在初高中，她顶着校花的头衔，朋友多，人缘好，连食堂打菜的阿姨也喜欢偏袒她。

见美心喜，人之常情，毕竟我们都是视觉性的动物。

每个女人都爱美，但不是每个女人都懂，其实得体比美貌更重要。

阿九大学时选了新闻专业。身为系花，其他同学还在灰头土脸地跑采访，她已经当了出镜记者，笑靥如花地播报新闻。更让人嫉妒的是她从来不缺追求者，不管是系草、院草、校草，还是创业的青年才俊，成熟的主编大叔，幽默风趣的富二代，都对她青睐有加。

或许，美貌就是一张通行证。阿九暗自得意，对妆发和打扮更加用心。

我们曾经一起去旅行，约好了去山顶看日出。凌晨两点多，大家在山脚集合，阿九姗姗来迟，穿着长裙，披着织花围巾，脚上是五厘米厚的高跟鞋。我暗暗问她："咱们是要爬山，你这鞋子不方便吧？"

"这样好看嘛，我穿了裙子，总不能穿运动鞋吧。"她看了看我的运动装，嘀咕道，"你怎么穿这个？等下拍照多丑啊！"

我哭笑不得，连忙招呼大家出发。

还没到半山腰，阿九就出了状况。她穿得少，不停地打喷嚏，脚又崴了，我们不得不停下来。阿九娇滴滴地嚷嚷了："我要冷死了，我要回去！"

我们当然不可能让她一个人下山，两个怜香惜玉的男性也表示愿意原路返回，于是，看日出的计划便取消了。回到酒店，有个女友发了脾气："瞎折腾什么，最后还不是拖累大家？"

阿九气得哭了，冲我抱怨道："我又不是故意的，我怎么知道会崴脚？我现在还疼呢。"

是的，她确实不是故意拖大家后腿，她只是觉得穿裙子和高跟鞋更美，可是她忘了，这种美一点都不适用于当下。穿着高跟鞋走山路，怎么会不崴脚？穿着裙子在凌晨的山里，怎么会不冷？

面对我的劝导，阿九失望而又愤怒，旅行结束后，她就不再联系我了。或许，在她看来，我也是那些吃不到葡萄的小女人之一，嫉妒她的美丽。

没多久，阿九就因为这个栽了跟头。她主动给我打了电话，哭哭啼啼地告诉我，她在电视台的工作丢了。

追问之下，我总算厘清了事情的头绪。

原来，阿九被派遣去省里做一个会议采访，当天有不少领导出席，她知道台里重视，事先也做足了准备，结果却出了纰漏。

"领导居然说我太轻浮！"阿九又羞又恼。

不用她说，我也能脑补出当时的画面了。阿九一向不喜欢电视台的工作服，嫌它颜色土气，款式老旧，平常出镜时，她总是一身俏丽的连衣裙。这也不是什么大问题，主任睁一只眼闭一只眼，反正她多半是跑社会娱乐新闻，观众对美女更买账。

但这次阿九真错了。气氛严肃的会议，一群领导板着脸做思想汇报，她偏偏一身低胸短裙，四处晃悠，领导不生气也难。

"阿九，你要知道什么场合该做什么打扮，"我忍不住劝她，"你不能穿着高跟鞋去跑步，穿着礼服去酒吧，穿着去工地吧？这不合适啊，再漂亮也没用。"

做新闻采访时，有什么比利落的工作装更合适呢？可能那套T恤衫和牛仔裤并不美丽，但它得体而大方。

出席餐会时，有什么比一袭轻便的连衣裙更合适呢？可能没有浓妆，没有耀眼的首饰，但它得体而优雅。

参加学术会议时，有什么比白衬衣和女士西装更合适呢？可能不妩媚，不风情，也不艳丽，但它得体而含蓄。

阿九的失败，在于她只懂美貌，却不懂得体。

我的另一个朋友舒舒却深谙此道，她是个大美女，长相美艳，但不管在什么场合，她都让人感觉如沐春风，穿着打扮是恰到好处。

她曾经受邀当伴娘，不少人都打趣新娘子："小心她抢风头。"结果却出人意料，舒舒穿着一身暗色长裙，束着马尾，妆容简单，虽然美，却绝不高调。因为新娘个子娇小，她还体贴地换了平底鞋。

新娘开心之余，不遗余力地向我们称赞舒舒。据说，新娘和新郎是相亲认识的，作为好朋友，舒舒也在场作陪。她很尽职地扮演了绿叶的角色，不多话，不调笑，不主动，完全没有平时的开朗大方，那些新娘关心却不好意思开口的问题，她却主动询问，咄咄逼人。

新郎满意于新娘的活泼与单纯，事后还不忘埋怨："你那闺密长得好，心眼儿也不少。"

舒舒当然不是一个高冷的心机女，但是，在闺密的相亲会上，有什么比这更得体呢？她的聪明在于她懂得"看菜下碟"。

美貌是一种外放，得体是一种内敛。

美貌是取悦别人的眼睛，得体是尊重别人的心情。

美貌是恃靓行凶的本能，得体是看菜下碟的智慧。

美貌是天生丽质，让人一眼惊艳；得体是蕙质兰心，让人如沐春风。

聪明的人应该知道，得体往往比美貌更重要，因为不合时宜的美貌，其实是一种错误，就像阿九。

3. 你那么好，为什么担心没人爱？

H最近过得不大顺心，杂志社新来的实习生能力平平，但脾气大，架子足。她嫌弃对方娇气，对方则抱怨她严苛，两人在工作上免不了磕磕碰碰。

那天开早会，实习生又迟到了，当着众人的面，H不咸不淡地斥责了几句。等开完会，她去茶水间，刚好撞见实习生在背后议论自己。

"一看就是更年期提前，听说她还单身呢，没有性生活的女人就是可怕。"

"我要是她，我一头撞死去，年纪这么大，除了工作，什么都没有。"

"实话跟你说吧，我才不怕她，我还想让我男人炒了她呢。"

H在电话里说起这些，差点哭起来。对方并不是在开玩笑，事实上，她的上司几次找她谈过，话里话外都透着不快，她以为自己的工作状态不佳，原来实习生是上司的小女友，吹了枕边风。

她的委屈，难以启齿。

和很多职场打拼的姑娘一样，H出身普通，朝九晚五，兢兢业业，坐到主编的位置并不容易。在这个流光溢彩的大城市，她活得小心翼翼，却比谁都认真，她说："是我哪里做得不够好吗？"

她一个单身女人，为了工作满世界跑，出差更是家常便饭；她富有情趣，喜欢种花花草草，还喜欢下厨，做得一手好菜；她性格温和，同事习惯使唤实习生，泡咖啡、拿外卖、送快递，她都是自己动手，偶尔撞见员工逛淘宝刷网页，她也一笑置之。

是她真的不够好，还是旁人太严苛？一个单身的大龄女人就应该被嘲弄吗？

"后来呢？"我追问她。

"我装作没有听到，赶紧走了。"H心酸地说道，"人家说得也没错，我就是工作狂、老女人、大龄剩女。"

她絮絮叨叨地说着，突然自嘲地笑了笑："我都忍不住可怜我自己了。"

年轻的实习生就是一个残酷的对比，揭开了H心里蛰伏的疑惑与质问：她的勤恳、善良、聪明等，这些品质和能力并没有换来对等的待遇。她其实不需要额外的青睐，一份欣赏和理解就足够，而不是像现在这样被上司轻易地否定，被后辈无情地嗤笑。

巨大的沮丧让H陷入了自艾自怜。

我有些心疼她："你就应该推门走进去，警告她们别在背后嚼舌根，要是手边有杯咖啡什么的，泼上去也没关系。"

H再次摇摇头，眼眶红红的："她们说得也没错，我可能真的嫁不出去吧，没人会喜欢我这样的女人。"

我叹了口气。

类似H这样的女孩还真不少。

她们明明不差劲，为什么看起来就是不如意？为什么就是没有人善待？

相对地，我们身边也有些女人，她们春风得意，但她们同样不完美：她们不会做饭，她们爱作，她们任性，她们花钱如流水，她们和不同的男性暧昧……就是这样一个个看起来不如自己的女人，却过得比自己好，还反过来指手画脚地嘲弄自己。或许，让H大受打击的也是如此，她可以忍受工作的严苛和上司的不公，但她不能忍受来自一个不如自己的女人的挑衅，对方的幸福衬托着她的不如意。

但是，幸不幸福需要对比吗？如不如意是别人定义的吗？

常常有姑娘向我诉苦，她们或是工作不顺心，或是感情不如意，郁郁寡欢，最后往往选择委屈自己，因为她们不相信自己值得更好的。

唐唐就是其中的一个。

唐唐每次和男朋友吵架后，都会来找我哭诉：他有严重的大男子主义，从来不沾家务；他脾气不好，她有时忙着加班，回家晚了，他怒不可遏地打电话到公司来吵闹；他迟迟不提结婚，她等了一年又一年。

我问她："那你为什么不离开他？"

唐唐立刻摇头。

他是本地人，有房有车；他们从大学就在一起了；他是第一个追求她的人……这个男人不是最好，也不是糟糕透了，就算唐唐心里知道，两人在一起是将就，但她也没有勇气放手。因为就是这样一个不好也不坏的男人，尚且不珍惜不体贴她，她不敢去憧憬更好的。

"我能遇到更好的人吗？"

为什么要把自己看得这么低呢？为什么要担心自己没有人爱呢？也许，我们遭受了不公平的待遇；我们犯了一叶障目的错误；我们给自己找了一个圈子外的对手，进行了一场不在状态的比赛；我们在错误的爱情和人事上栽了跟头，满身负能量。

但是谁都不能因此来给我们定性，我们好还是不好，我们有几斤几两，这些都不是别人能空口评断的。哪怕是见识过我们的落魄和不如意，他们也不能给我们贴上loser的标签，只有我们自己知道自己有多么好。

所以，我们完全没有必要被外界的流言和目光所扰，那些伤害不到我们的根本，我们的勤恳、聪明、善良、可爱、能干，丝毫不会改变，也不衰减，那我们为什么还要担忧自己不如人？没人爱？

"你没有任何地方不如那个实习生。"我安慰H，"相反，你比她好太多。"

"可是我单身，还被上司嫌弃。"H叹了口气。

"那又怎么样？你真的比她差劲吗？"

很多女人都误以为魅力需要证明，比如用男人的追求，同性的嫉妒。事实上，女人的魅力是源于自身的，它是一种底气，因为知道自己的好，所以不担心没有人爱，哪怕遇到不讲理的上司，遇到趾高气扬的实习生，她也不会被比下去，只会淡淡一笑，笑对方不识货。

我们应该明白，别人的好，并不等于我们不好；别人的质疑，也不等于我们不好。实习生再怎么受宠，也不能磨灭H踏实能干的事实。如果我是H，我会潇洒地递上辞职信，毕竟，不是所有的上司都偏爱一个骄纵任性的实习生，总有上司会欣赏一个勤恳而善良的好姑娘。

4. 若是攒够失望，不妨重新开始

生活就像我们入住的新房子，光鲜整洁，井井有条，处处都透着温馨。等时间久了，赶上天灾或人祸，白色的墙漆会一点点剥落，露出晦暗的墙体，也渗出雨水，在不经意的角落里，早爬满了一层暗绿的苔藓。

失望就是这样不期而至。有的人选择忍，对着裂缝过日子，修修补补。它可能慢慢修复，虽然嘴脸难看，却也无关痛痒。它也可能会一天天扩大，不能挡风，不能避雨，浇灭你所有的生活热情；有的人则选择推开门走出去，往日再好，已成废墟，她宁可重新再造一座城。

我的朋友丽华就是一个没有勇气推开门的人。

她和丈夫是相亲认识的，家世相当，背景相似，甚至连教育经历也差不多，双方家长一拍即合，很快订了婚。他相貌普通，身材普通，性格普通，她说不上满意，也没什么太大的不满。父母也劝她："过日子嘛，就是那么回事。别说什么感情不感情的，再深的感情，最后还是围着孩子、车子、房子、票子打转。"

她顺从地嫁了人。

新婚的第一天，他们面对面在餐桌前吃早饭，他随手把烟蒂按在花瓶里，她立刻没了胃口。那只陶瓶是她自己烧制的，栩栩如生的绢花也是她手工缝纫，她是个饶有情趣的人，很显然，她的丈夫并不是。

丽华深深地感到失望，但她很快安慰自己：或许我能忍一忍。此后，她就在继续失望和继续隐忍中反复。

她在结婚纪念日那天准备了丰盛的晚餐，而他只关心公司的订单，彻夜加班。

他给她买昂贵的珠宝和包，喜欢她艳妆红唇，可是她不喜欢，她只愿意淡妆素服，做舒服的自己。

她花上半天时间炖汤，却没有人陪她喝。

他喜欢酒，有空就约上朋友，有时候在家里，有时候出门，一身酒气，满地狼藉，都留给她收拾。

她养的水仙花被他当作大蒜头扔了。

她的抱怨与日俱增，我们也曾劝慰，让两人都试着做一些改变，结果却不尽如人意。

她想到了离婚，但又一直犹豫不决。

第一年，她说服自己再等等，"他也是有一些优点的"；结婚第二年，她有些杯弓蛇影的沮丧，"说不定婚姻就是这样的，我再找个人，也不见得比现在好"；结婚第三年，她已经妥协了，"我真是受不了他，没办法，孩子都有了，我得再忍忍"。

我从不怀疑任何一个女人的强大，柔韧如春柳，纵使生活泥泞不堪，面目全非，她们身陷其中也不枯不萎。这是她们的难得，却也是她们的不幸，她们没有抽身而退的勇气，也没有断尾求生的果决。

女人善于隐忍，可女人不一定要隐忍。

在一个城市待久了，看腻了它的风景，吃够了它的美食，走遍了它的大街小巷，你再没有惊喜可言，为什么不试着去新的城市看看？

在一个公司里吃尽了苦头，这里无关理想，这里薪水单薄，这里只有不讲人情的上司和冷漠的同事。你受过白眼，你掉过眼泪，你一次次咬牙切齿地放话要离开，为什么不试着离开？

在一个男人身上，花了时间，耗了心力，虚度了青春，而他只给你一场空欢喜。他的白衬衣换成了西装革履，而你始终没有等来白婚纱，你宁愿靠着往日的温情取暖，为什么不换一个人去爱？

有个词叫"及时止损"，女人有时候扛得住失望的侵蚀，却迈不开步子去走一条新的路，殊不知，越是一条路走到底，她们越是受伤。其实，更好的选择是化失望为动力，当现实给予沉重一击时，聪明的女人应该正视，另寻出路。

小艾和男友的相识很美好。在超市，她被偷了钱包，一群看热闹的人里，他及时站了出来，给付了钱，还帮她报了警。当她开口问他的电话时，他连耳根都红了。

钱包并没有找回来，他们却在一起了。他体贴，会在小艾深夜加班的时候，默默等在公司楼下；他温柔，从来不发脾气，哪怕是吵架，她一掉眼泪，他就忙不迭地道歉；他能干，喜欢研究各种新菜，满足她这个吃货的胃。

这段恋爱甜蜜而持久，他却迟迟不提结婚。

小艾30岁生日那天，他准备了烛光晚餐，当然，还有玫瑰花和一个小巧的首饰盒。她打开了，是一条项链，精致华美，但她怎么都喜欢不起来。

那是第一次，她察觉到自己的失望，原来她那么渴望婚姻，而他明明知道，依然态度含糊。她安慰自己：没事的，或许他不想太早踏进婚姻的坟墓，或许我表露得还不够明显，或许是他太脑腴。

就是这些借口，让她撑过了一次又一次的失望。

她身边的闺密陆续结婚，她当了一次又一次的伴娘。每次拿到捧花，她都满含期待，回了家，他当作没有看到，绝口不提。

她提出要见家长，他总是推诿，来来回回都是那么几句："要出差""最近太忙""等下次放假吧"……

她的小侄子出生，他们去医院探望。她抱着粉嫩的婴儿，又欢喜又羡慕，姐姐挤眉弄眼地打趣："喜欢就自己生一个。"她满脸羞红，他笑了笑，没有接话。

她爸妈催婚，甚至安排了好几次相亲，她夹在中间左右为难。但每次吵闹后，他都会温言软语地安慰："你知道，我是爱你的。"

可是他给的爱敌不过日复一日的失望。在31岁到来前，小艾主动向男友求婚了。她想结婚生子，安安稳稳地生活，已经不愿再给他闪躲的机会。

他没有答应，反问她："我们这样不好吗？只是缺一张纸而已。"

是啊，什么都很好，只是缺一张纸，那为什么不愿意补上呢？小艾心灰意懒地提了分手。她不是不难受，这么久的感情，这么好的人，她可以咬牙忍下来，可是以后呢？她甚至没有以后，白白耗完最开始的心动。

女人就应该这样，攒够了失望，千万别等自己绝望，潇洒挥手，一切重来。

结婚第五年，丽华终于决定离婚，这次的原因很现实，她的老公出轨了。

"为自己和他找了这么多年借口，这一次，再也找不到原谅他的理由了。"她彻底地失望，提出离婚，并争取孩子的抚养权。

这个过程并不轻松，甚至连她的父母也极力反对，两家人为此闹得沸沸扬扬。丽华倒是松了口气，从桎梏多年的牢笼里走出来，她看上去神采奕奕，一扫之前的抑郁。

"其实结婚第一天，他把烟蒂扔在我的花盆里，我就应该想通的，过不下去就是过不下去，白白勉强了自己这么久。"

她换回黑发长裙，素着一张脸，整个人却光彩四溢，谈笑风生，丝毫不理会背后那些流言。

5. 别急着岁月静好

不知道从什么时候开始，"岁月静好"成了很多姑娘的口头禅，她们顶着文艺女青年的旗号，穿着棉布裙，看看闲云，听听落花，一副不理红尘俗世的架势。你要是跟她聊升职加薪，聊成家立业，她立刻回赠你冷眼，要不就和你促膝长谈，从诗词歌赋再到人生哲学，彻头彻尾地把你衬托成一个名利场打滚的俗人。

我身边还真有这样"诗意"的姑娘。

大学毕业后，魏魏没有选择北上广深，也没有选择朝九晚五，她用家里资助的钱开了一家书店，在苍山洱海之间，过着她所期待的诗意生活，"面朝大海，春暖花开"。

和她相比，我们都显得灰头土脸了：穿梭在拥挤的地铁里，整天对着电脑屏幕，忙着琐碎的事，见着难搞的客户，只有拿到工资时，心里才有片刻的满足。这种满足里却透着心酸，想想看，都是娇嫩的姑娘，我们还在为柴米油盐酱醋茶挣扎着，人家的生活已经是琴棋书画诗酒花。

魏魏的朋友圈里永远都是美食、美景和美人：有在店子里看书的小鲜肉，有诗歌朗诵会，有阅读小组的户外旅行，有从不间断的山茶花，有婀娜多姿的旗袍。它们如此美好，又如此遥远，就像她常常晒下午茶，而我们忙着上下班，日常生活里最多的是黑咖啡。

羡慕之余，我们和魏魏渐行渐远，一方面是隔得远了，见面少了，一方面则是生活方式上的差异让彼此没了共同话题。

再次见到魏魏，是在同学聚会上，她依旧是老样子，长发披肩，满身书卷气。聊到她的书店，她有些闷闷不乐："我男朋友想关了那家店。"

"为什么？"我们面面相觑。谁都知道，魏魏对书店投入了极大的心力。

她叹了口气，说道："他觉得没必要再开下去。唉，我开书店又不是为了钱。"

在魏魏支支吾吾的解释下，我们总算明白了事情的始末。那家书店亏了不少钱，纸质书本来就不景气，魏魏又不是经商的料，她喜欢的是笔墨书香，但没有顾客，没有收入，拿什么来支撑书店呢？房租、水电、进货等，都需要钱，魏魏不关心这些，她忙着给书店装修布置，忙着张罗文艺沙龙，忙着给学生们送书。

"那也亏了不少吧。"有同学小声地嘀咕，"魏魏，要不你干点别的？"

大家粗粗算了下账，开始劝导她。魏魏苦恼地说道："我男朋友也这么说，但我不愿意朝九晚五地上班，要不我开个花店？你们帮我想想吧。"

"开花店估计也不怎么赚钱。"

提到钱，她就厌恶地皱起了眉，等大家七嘴八舌地讨论出各种方案，她更是不客气地打断了："做任何事只想着赚钱，这样也不好吧？"

几个同学讪讪地笑了笑，没有再搭腔。

魏魏这样的姑娘并不少见，活得诗意，也活得梦幻。在她们看来，女孩子都应该像花似的，安安稳稳地养在温室，避开风，避开雨，避开那些人情世故。否则，一个欲望满身的女孩子是多么俗气，又多么无趣。

真的是这样吗？

人人都渴望岁月静好，真正的"静好"是在经历了离乱后才能体味到的，没有淋过雨的人不配说雨，没有经历过岁月的人，怎么懂得静好？那只是一群文艺青年的口号，是画虎不成反类犬。

当年，胡兰成在婚书上写"愿使岁月静好，现世安稳"，短短几个字，打动了张爱玲，也打动了无数后来者。他们两个都是有故事的人，各自在红尘纷扰，所以才有这样朴素的渴求。而魏魏这样的姑娘呢，二十来岁，正是蓬勃的年纪，就像一枚青涩的核桃，还没有成熟，还没有让风雨褪去皮毛，就早早地从枝头跌落。它从人生的春天直接跳到了秋天，它享受了安稳和舒适，避开了夏日的烈阳、暴雨和电闪雷鸣，作为代价，它没有丰美的滋味。

该上进的时候，就应奋起直追；该打拼的时候，就应朝九晚五；该钻营的时候，就应各显神通；等到该停下来的时候，我们才应放慢步子，好好享受安稳。

我曾经采访过一位娱乐圈的文艺女神，交谈之后，我有些诧异。在粉丝眼里，她大概是一个无欲无求的清纯小姑娘，是不染淤泥的娇花，他们称赞她"人淡如菊"。但事实上呢，她的野心和渴望都藏在眼睛里。和其他女明星一样，她并不是例外，也一心想往上爬，吃尽了苦头，有时候一连接好几个通告，几乎没有睡眠。

她的解释很现实："女明星的保鲜期不长，趁着最好的年纪，谁不想好好地拼一把？现在这么辛苦，也是为了将来的日子好过。"

是啊，年轻时就该躁一点，现在忙着松花酿酒、春水煎茶，岂不是提前过完了退休生活？

魏魏的书店最后还是转让了，对方也是女性。她四十出头，之前做过编辑，当过摄影记者，还写过书，走了无数地方，见了不少人，大半时间都在路上。她觉得累了，想歇一歇，于是接手了这家书店，她的老公有自己的生意，可以常常飞来陪她；她的孩子在国外念书，几乎天天与她视频。

她用心地打理这家书店，但并不靠着它养家糊口，因为有丰厚的积蓄；她也办文艺沙龙，凭着深厚的阅历和学识，结交了各路的读书人。

她不是一个纯粹的商人，但她把书店经营得有声有色，知世俗而不世俗，为文艺而不文艺。

这才是岁月静好，是一个女人尽情地绽放过光华，然后姿态优雅地回归到平淡。

对每个女人来说，生活都是热水冲茶，有争先恐后的时候，有沉浮不定的时候，有登峰造极的时候，也有尘埃落定的时候。所以，别急着岁月静好，先做好当下的自己。

6. 该动脑子的时候，别动心

恋爱长跑六年后，Sunny决定结婚了。

准新郎是她的同学，当初也是大学里有名的才子，现在当了公务员，拿着不高不低的薪水，写点不痛不痒的公文。私底下，亲友们常常唏嘘，他家境并不好，甚至称得上清贫，一双父母远在山村，还有一个读书的弟弟，一个离异在家的姐姐。

换成别的姑娘，或许会认为"凤凰男"靠不住，但Sunny和他感情很好，几年如一日。他每天下班来接她，然后两人一起去买菜，他做饭，她洗碗；他常常给她送花，即使不在节假日；他们俩定期会去山区支教；她喜欢吃螃蟹，但他对海鲜过敏，连碰都不能碰，于是家里的餐桌上再也没有海鲜露面。

这样的男人可以嫁吗？或许，每个姑娘都有不同的回答。

Sunny的爸妈一开始就不同意他们交往，担心女儿会吃苦。他们都是大学老师，在本市有房有车，还小有声望，一个寒门学子并不是理想的女婿。他们想方设法地给Sunny安排相亲，断了她的经济来源，甚至还出面恳求她男友。

时间证明了他们的感情，Sunny一次又一次地坚持下来。

就在大家翘首盼着一场盛大的婚礼时，Sunny和准新郎忽然起了争执，起因是Sunny要求办理婚前财产公证。

"他觉得我不信任他，如果我不信任他，我会跟他耗上六年？"Sunny一脸的疲倦。

有些"圣母"苦口婆心地劝："他那个情况，你不是早知道吗？你们在一起，经济上肯定是他占便宜啊！以前让你分手你又不肯，现在都要结婚了，何必计较这个？"

也有朋友充当和事佬："既然都决定结婚了，提这些多伤感情啊！"

"我跟他结婚，是因为我们有感情。"Sunny很坚持，"这和我要做婚前财产公证一点儿也不冲突。"

大多数朋友都不明白Sunny为何在婚前突然计较起来，我却不由得为她赞叹，这才是一个女人该有的清醒和聪明。

爱情和婚姻看起来是一回事，但又是两回事。

女人在爱情里奋不顾身，那是勇敢和可爱；在婚姻里孤注一掷，那是不理智，是不够聪明和独立。

在Sunny看来，做个婚前财产公证是理所当然的，房子是她的，车子是她的，连他们的日常花销都是她的，男友的存款都用在了供养弟弟和父母上。她并不介意用自己的钱养家，她也不介意在金钱上多付出些，但夫妻间需要算清账，因为她没有义务用自己的钱财去供养他家人的未来。

"我们结婚是一起生活的，我有的他都会有，就比如我名下的房子，难道我不会让他住吗？我只是不想在房产证上写他的名字，这会给他们家一种错觉，这是他儿子的，他们随时会想着来瓜分。"

女人大多时候是感性动物，呆萌如猫咪，喜欢男人的呵护与宠爱，但她冷静起来，那就是一只狐狸，乖觉地审时度势。

谁也不能说Sunny有错。她势利吗？她最好的青春都赠予了他，那时候他一无所有，现在他依然一无所有，她仍然选择嫁给爱情。她作吗？她不吝啬于为爱情花钱，她只是避免让金钱磨损爱情。

我见过不少被爱所伤的女人，她们不是蠢笨，是为爱冲昏了头脑，该动脑子的时候，偏偏动了心。

Lisa是公司的助理，特别能干，聪明伶俐，做事利落，我们都叫她"女诸葛"。她和老公结婚多年，感情很好。

情人节那天，我们在加班，女同胞们纷纷抱怨，Lisa也不例外，她原本计划好的烛光晚餐只能取消。结果，她老公一声不吭地订了99朵玫瑰花，送到公司，把整个办公室都点缀得热热闹闹。

玫瑰花虽然俗气，但哪个女人不喜欢呢？尤其是结了婚的女人。大家一个劲儿地羡慕Lisa，她笑得甜蜜，大方地包了大家的夜宵。

几天后，Lisa又换了一款包，也是老公送的，算是补上错过的情人节。我们见过她老公，清清秀秀的，笑起来有些腼腆，想不到这么体贴浪漫。

正当大家眼红的时候，Lisa竟然离婚了，原因是老公出轨，被她抓了个正着。

私下聚餐时，Lisa泣不成声，一双眼睛再也没有往日的灵动，是干巴巴的桂圆核，透着心灰意懒。

原来，他老公在外有了新欢。出于内疚，也为了麻痹她，最近表现格外好，不仅连连送礼物，连家务也抢着做，接送孩子的事更是一个人包揽了。她陷在这糖衣炮弹里，他却偷偷地清算财产，准备好了离婚协议书。

"我早该想到的，谈恋爱时，他都没怎么送我花，怎么突然这么浪漫？要么是刻意补偿我，要么是他送给别的女人，顺便送的，我怎么就没想到呢？"

婚姻的变质，何尝不是一场疾病？它也是有征兆的，很多细节都意味深长。以Lisa的聪明，如果她肯留几分理智，怎么会找不到蛛丝马迹？他为了争抚养权，突然亲近孩子；他一反常态地支持她忙工作，最后"不顾家"成了离婚的理由。

我们暗暗唏嘘，没想到这个聪明利落的姑娘，竟然在婚姻里吃了闷亏。其实，女人就该保留几分理智，在该清醒的时候，绝不能被感情左右。

每次听京剧《红鬃烈马》，我都会有这样的感慨：王宝钏的一生就是被自己误了。遇到薛平贵，她抛去相府千金的身份和荣华，下嫁薛家，背弃亲人，苦守寒窑，把青春都蹉跎在了贫穷和等待里。

这是因为爱，因为她对他动了心，这是年轻时谁都会有的懵懂与心动，无可厚非，不计结果。可是，当他功成名就以后，娶了别人，回到故土，她轻易的原谅就显得太愚钝。

他是她的丈夫，是枕边人，但他竟然丝毫不信任她。她为他苦苦熬着，他见了面，第一个念头竟然是试探。他在怀疑她的忠贞，而王宝钏呢，她被重逢的喜悦冲昏了头，完全忘了追究这背后的深意：如果他还爱她，他怎么会薄凉到见面不肯相认？他怎么会另娶美娇娘？

所有的背叛都有迹可寻，是王宝钏没有动脑子，她竟然跟着他回了西凉，做了名义上的皇后。她怎么可能会幸福？果然，三天后，她就溘然长逝。

如果她够清醒，在武家坡重遇时，她就应该发现端倪，薛平贵早就不是良配。

说来说去，还是那句话：现在流的泪，都是以前脑子里进的水。聪明的女人就该清醒时绝不糊涂，一时的感性，往往会埋下日后的隐患。

他说先立业，再成家，不肯给你名分，却一次次地让你暖床，你为什么还要相信那个缥缈的未来？他说工作太忙，整晚整晚地加班，你忙着洗衣做饭，为他炖汤，为什么不想想他拿给你的工资依然少得可怜？他说酒后一时糊涂，犯了错，绝对不会有下次，你二话不说就相信了，为什么不深究他深夜和女人一起买醉的原因？

爱情会让人变得盲目，甚至愚钝，所以适时地动动脑子很重要。

7. 太容易得到的东西，没有人珍惜

我小时候很喜欢芭比娃娃，在已经买了很多的情况下，爸妈不再那么纵容我。于是，每次发现新款的芭比娃娃，我总是要费一些劲儿，才能如愿。

有一次，我缠着爸妈买新出的娃娃，遭到了拒绝，而我自己并没有购买能力，那种沮丧让我印象深刻。

明明它只是个普通的娃娃，和家里那些没什么太大的区别，但正是因为得不到，我对它的喜爱和渴望越来越强烈，为此，我费劲考了第一名，最后爸妈作为奖励买下了它。

后来，我依然会时不时收到芭比娃娃作为礼物，但比起那个不容易得来的娃娃，别的似乎都不那么可爱了。

物件尚且如此，更何况人呢?

肖一直偷偷喜欢她的上司，他年轻有为，言谈举止都不

俗，并且温和有礼，很容易招来女性的青睐。肖称呼他"师兄"，因为两人是校友，她早就听过各种关于他的溢美之词。她在他手下待了三年，从一个职场小菜鸟变成"白骨精"，那点若有似无的好感也演变成绝对的痴心。

一个女人的暗恋就像春夜的雨，润物无声，不知不觉地催开满树繁花。肖对他的关心渐渐越了界限，他加班的时候，她借故留在公司；他生病了，她煮了热粥，打车给他送过去；他和客户应酬，她一个姑娘家，主动给他挡酒。

师兄察觉到她的情意，没有点破，也没有拒绝。她把他的沉默当成了可能，对他嘘寒问暖，无微不至。师兄后来辞职创业，身边没什么人，筚路蓝缕，肖一路都陪着他。他甚至还没开口，她就主动辞了职，揣着全部的积蓄，跟着他到了新公司。

文秘、会计、公关、保姆、清洁阿姨，肖一个人包揽了这所有的工作。他有时候也会感动，深夜痛饮，拍着她的肩膀说："还是你对我最好。"她把这句话当嘉奖，一个人藏着掖着，撑过往后的日子。

肖以为自己是特别的。他身边不是没有别的女性，八面玲珑的客户，低调能干的助手，朝气蓬勃的实习生或大方得体的同事，都与他来往密切，但没有谁能比过她。她为此扬扬自得，她忘了，那些女人中也没有谁卑微如她，她甚至有他公寓的钥匙，因为她会定期去打扫、采购。

这份镜花水月的"特别"终于被打破了。

公司周年庆的时候，一群人出去聚餐，喝多了，师兄和另一个男同事轮流送大家。肖醉得不省人事，窝在后座上，眼看着他把其他人一个个送走，眼看着他在小区下了车，然后叮嘱男同事照顾自己。

她又心酸又难受。

肖在心里为他找了各种理由：他们不顺路；他累了，急着睡觉；那个男同事的人品值得信任，她的安全没问题。即使这些理由合理，也不合情，他对待她和其他人没有区别，关心却不上心，他哪怕有一丝一毫的在乎，也不会这么轻松地推开车门离去。

原来他并不爱我，也不曾珍惜我的爱。

情爱没有贵贱，但人有拜高踩低的坏毛病，对男人而言，一颗双手奉上的真心，可能远远不如那颗得不到的芳心。因为对他而言，你已经是囊中之物，他不会再有任何好奇心和征服欲，他不会珍惜。这就好像竞拍台上的瓷器，每一件都是美的，越是竞价得来的，越是让人喜爱。所以女人应该敝帚自珍一些，如果姿态放得太低了，对方也就不当回事了，他对你奉上的真心不屑一顾，还踩上几脚；如果你将自己捧得高高的，他才会仰视。

情爱是这样，世事都是这样。

Vivi是主动跳槽到新公司的。老板原先是她的客户，在一次合作之后，Vivi欣赏他的才能和个人魅力，很快就辞了职，来到他的公司。

事实上，这的确是一个更好的平台，不论是友睦的同事关系，还是亲和力爆棚的上司，她都很满意，唯一的缺憾是，老板似乎不怎么重用她。Vivi很是苦恼，她在业内也有些小名声，到了新公司也很活跃，每每有新项目，她比谁都积极，她带头的小组创下了不少业绩。

老板仍然没有将她升为副手的打算，没多久，他竟然花重金挖到了另一个员工，巧的是，这人和Vivi还是旧同事。她不以为意，这人的能力并不如她，但事情渐渐出乎Vivi的意料，老板很看重他亲自挖过来的员工，不仅多次在公共场合称赞他，还主动让他负责项目。

Vivi十分不解，在一次聚会后，她忍不住问了那个旧同事。对方坦诚地告诉她："其实你要是晚点跳槽，老板也会重金来请你的。"

她恍然大悟。诚然，她是个优秀的员工，还是个识时务的员工，但她一旦主动跑到老板麾下，就成了老板的"所有物"。就算她再聪明，他也不会觉得难得，他会缺这么一个员工吗？公司有的是能干的人，她的积极和勤奋，在老板看来都是理所当然的，他花钱，她卖力。

所以，不管在什么时候，我们都不要放低姿态，这不是揣着掖着，也不是故作姿态，而是一种自我保护。

女人大多感性，很多事情在我们眼里，或许是体贴，是宽容，是善良，是直爽……我们愿意为了喜欢的人和事低头。但是亲爱的，在对方眼里，这些轻易就能得到的东西，不是不好，就是廉价。已有这样的念头，他又怎会珍惜？

8.女人要内秀，也要好皮囊

我最近在健身房认识了一个姑娘，她叫Sue，二十五六岁，每次练瑜伽或者跑步时，总能遇到。

她长得并不是很美，但妆容精致，穿着时尚，很是引人注目。

这小区的健身房来往的大多是熟面孔，虽然不乏俊男美女，但大家心里多少有点懈怠，有时候出门急了，连头发也不打理，随随便便扎个马尾。可是Sue不同，她从来不会"随随便便"，在任何时候都光彩照人。

熟悉以后，她告诉我："我连出门扔垃圾，都要涂个口红。"

没办法，这是个看脸的社会，不管是先天的，还是人造的，长得好看的人总是享有优待。

Sue在一家高端房地产公司做销售，每天面对各色的眼神，见得多了，她也就变聪明了。她说："这世界上哪有那么多伯乐？你要是没有一张好看的脸，再能干也没有人赏识——哦不，是根本不会有人发现。"

她的业绩每年都是第一，自己捞了好处，上司也喜欢，据说年底还要举荐她到总部。Sue认为这或多或少得益于她那张脸。她的同事不少，能说会道的也很多，但没有谁像她一样热衷于化妆打扮。

她离不开高跟鞋；她再冷的天也是简单得体的套裙，最多再加一件质感很好的大衣；她忙得没时间吃饭时，也会挤出空来补妆。而她的同事呢，累了就毫无顾忌地在客户的车上打盹，饿了就胡乱找个地方吃盒饭，冷了就忙不迭地裹上臃肿的羽绒服。

Sue嗤之以鼻，她万分爱惜自己的形象。她说："男人喜欢的不就是脸吗？那些温柔贤惠、聪明能干的人，要是没有好看的脸，他们能发现吗？"

的确，温柔贤惠、聪明能干的姑娘有那么多，真正理解而爱惜的男人有几个？

内秀难以捕捉，骨相与气质更是虚无缥缈，只有皮囊是可以一眼惊艳，实实在在抓住目光的东西。

正是因为人人都喜好美色，才有了Sue这样兢兢业业的爱美人士。当然，Sue也受到了不少质疑和嘲笑，比如女同事背后议论她是妖艳贱货；比如某个大男子主义者，搭讪未遂之后，恼羞成怒地指责她："一看就不是什么正经人，打扮好看不就是为了勾搭别人吗？"

我并不认为Sue虚荣或是不正经，相反，这是一个聪明的姑娘。为什么不可以化妆？为什么不可以打扮？为什么不可以高调地美丽？既然这现实光怪陆离，那些口红、眉笔、粉底等，它们就是最好的武器，帮助每个女人披荆斩棘，开辟一条向前的路。

在条件允许的情况下，让自己变得更美一点，这有什么值得非议的呢？况且，这份美丽还能为她带来便利。

当然，我并不鼓励一味地追求外在美。我更想提醒那些蕙质兰心的姑娘，她们明明值得更好地对待，明明可以有更多的选择，为什么不试着争取呢？如果仅仅是因为一副平凡的相貌，就错过机会，那岂不是很可惜？

我有个和Sue截然相反的女友，她大大咧咧，留着短短的发，因为喜欢户外运动，皮肤晒成了小麦色，日常出门都是牛仔裤搭配各色T恤。但她是个有趣的人，她国内国外去了很多地方，写过一本游记，卖得还不错；她的吉他弹得好，是一个摇滚乐队的成员，有空就去酒吧登台表演；她拿了一个日语的学士学位，还有一个哲学的硕士学位。

她在微信上认识了一个朋友，相谈甚欢，不论是兴趣爱好，还是教育经历，两人都很合拍。对方几次提出要见面，她都犹豫着没有答应，他转而开始索要照片。其实她挺讨厌那些打招呼就叫"美女"，聊几句就要照片的人，但她还是给了照片，她觉得和自己谈天说地的他不至于那么low。

那是她和室友的自拍，记不得是什么时候了，两个姑娘在田径场上笑得很灿烂，头发蓬蓬的。她问他："你猜猜哪个是我？"他没有再搭腔，以后也没有再理会她。

"他是嫌弃我长得不好看吗？"她提起这件事，神色还有些伤心，毕竟他们之前聊得很开心。

恐怕是的。

她的聪明、有趣、才华，他不是不知道，但这些都输给了容貌。他或许在心里想象过她的样子，雪肤花貌，娉娉婷婷，而那些聪明、有趣和才华就是锦上添花，他怎么会不撩拨呢？等见了照片，她只是个爽朗的假小子，他当然会失望，避之唯恐不及。

他喜欢的不是聪明、有趣、才华横溢的姑娘，他喜欢的是漂亮而聪明、有趣、才华横溢的姑娘，"漂亮"才是必要条件。

看看《聊斋志异》里的那些白面书生，为了女妖，一个个飞蛾扑火，缠绵到刻骨，不就是为了"颜如玉"吗？如果将那些女妖换成钟无艳，她再怎么蕙质兰心，再怎么才高八斗，他也没有刀口舔蜜的念头。

所以，别再期待有人会一眼爱上你的灵魂，首先你得让他一眼爱上你的脸。网上不是流传着这样一个段子吗？《甄嬛传》里那些缠绵悱恻和钩心斗角都源于女主角入宫，当她念着那句"嬛嬛一袅楚宫腰"，美人如黄莺出谷，男主角忍不住要求她"抬起头来"。试想一下，如果甄嬛不是长着一张倾国倾城的脸，她就算饱读诗书，恐怕他也不会留下她，更别提爱。

内在当然重要，容貌也同样重要，别轻视它。哪怕你真的蕙质兰心、才高八斗，你为什么不试着让自己拥有与灵魂匹配的容貌呢？那将会是一件锦上添花的事。

9. 不完美才是完美

章鱼是个标准的处女座，有洁癖，事事追求完美。

《七月与安生》上映时，我和她一起去了电影院。

故事其实很简单。两个从小要好的女孩，彼此依赖，尤其是其中一个出生于单亲家庭，缺少父爱，在和母亲的拉锯与对抗中成长。友情、亲情、爱情，她都需要，所以当那个叫家明的男人出现时，和谐被打破了。

七月、安生和家明去爬山，在山顶的小寺，安生踮起脚尖去吻家明，她明明知道这是七月的未婚夫。

三个人的纠缠伴随着争执、远走、试探和退让，七月最后难产而死，而安生收养了她的小孩，安安分分地嫁人。

电影还是感人的，当七月将安生堵在家明的住处，两个人歇斯底里地争吵，互揭伤疤。她们抱头痛哭，有些如鲠在喉的残忍，也有些稀薄的温暖。

"你说，她们俩会和好吗，像以前一样好？"章鱼低声问我。

她正面临着类似的难题。

年初时，章鱼和相恋多年的男友分手了，因为对方父母催婚，他焦头烂额，而她还在争取出国深造的机会，完全没有结婚的打算。一对有情人就这么分道扬镳，让人唏嘘不已，好在半年后他们又复合了，因为章鱼放弃了出国留学的机会。

经过这番波折，两人的感情更胜从前，开始筹备婚礼。可是，章鱼很快就后悔了，她无意中发现，男友曾经答应了家里安排的相亲，和另一个女孩有过短暂的交往。

"难道我要当作不知道吗？"她苦恼地说道，"我知道好马不吃回头草，但我以为我们俩的感情还在。毕竟那么多年了，分手也不是因为原则性的问题，我一直单着，我以为他也是。"

他们的感情当然还在，否则他们不会找回彼此，但章鱼的委屈也是货真价实的，她为了他放弃深造的机会，为了他洁身自好，而他却迫不及待地开始新恋情。尽管那只是一段不成功的尝试，但在任何一个女人的眼里，这个尝试大概就意味着背叛，对过去的背叛。

难道那么多年的感情，在他心里就没有半点分量？难道在重新开始之前，他连半点犹豫和缓冲都没有？难道他不该原地停留？她就等在原地，如果他回头，她就走过去，这才是完美的没有遗憾的爱。

在章鱼的心里，他们这段破镜重圆的感情有了瑕疵，她耿耿于怀。

"我们吵了好几次。他说他跟那个女人只是接触了几天，觉得不合适，心里也放不下我，很快就断了。"章鱼向我诉苦，"但我总是会去想，就跟心里种了一根刺似的，我想，是不是这婚也不用结了？"

客观来讲，她的男友并非十恶不赦，他们分手就是因为父母逼婚，她出国远走，他怎么知道她还会回头呢？他遵循父母的意见去相亲，实在是情理之中的事，如果能拗得过父母，他们当初也不会闹到分手了。况且，他心里还是有她的，这段相亲也是浅尝辄止。

因为一点不完美，就全盘否定两个人的感情，这不是太可惜了吗？

其实生活中哪有那么多完美的事呢？更多的时候，它是张爱玲笔下的那一袭华美袍子，好看是好看，却爬满了虱子，我们多少要学会忍受。

想想看，这一生漫漫，我们有什么人和事是真正称得上"完美"呢？

精心策划许久的婚礼，热闹喜庆，浪漫感人，但偏偏赶上盛夏，拖着长长的婚纱，踩着梦幻的高跟鞋，整个人又累又热。记忆里除了生死不渝的宣誓，还有一阵接一阵的喧哗，你不得不拖着疲倦的身体，堆着笑，面对前来敬酒的亲友。

接到理想的大学通知书，你欣喜若狂，多年的努力得到回报，一直以来的梦想终于成真。你即将开始多姿多彩的生活，不用再听老师的唠叨，不用再躲在被窝里看杂志，不用再被束手束脚。可是，你要去一座陌生的城市，远离亲友，从此以后，故乡再无春秋，只有冬夏。

或许你会说，记忆里爱过的那个人是完美的。是的，那个少年英俊而明朗，他穿着干净的白衬衣，他篮球打得很好，他考试总是第一名，他彬彬有礼，他还曾经帮你捡过课本。可是你错过了他，因为种种原因，你们没有在一起，这不就是缺憾吗？

错过一个完美的少年，这本身就是一件不完美的事，然而，这又是生活中最常见的事。

再严苛的处女座，也不曾拥有过完美。

电影里，安生和七月最后还是握手言和了，她说："我恨过你，可我也只有你。"她们是最好的朋友，走投无路的时候只能投奔彼此，这样的感情不深厚吗？可她们有过龃龉也是事实。

这世上怎么会有尽善尽美？眼里容不下沙子的人，那都是心里还住着童话的人。如果章鱼始终介意这点不完美，那么，她不会遇到更完美的。谁知道下一个男人是什么样呢？他或许有一个情深义重的前女友，他或许只是为了结婚，他或许能力有限。到时候，谁能确保章鱼不介意这些呢？

我特别喜欢徐克的《青蛇》，一个不怎么样的男人和一段朝露般的艳遇。很多人都迷惑过，白蛇怎么会选择许仙？那个有色心没色胆的书生，得了红玫瑰，还要去觊觎那抹白月光，最后甚至连弃车保帅的勇气都没有，白白辜负了两个女人。这是白蛇要的爱吗？宁死也要保全的爱？但她从不深究，也不较真。

许仙并不够好，但正因为他是一个不够好的普通人，白蛇选择了他。不是因为爱，才选择了他，而是因为选择了他，才学会了人间情爱。

因为普通人才是一种常态。

因为不完美才是一种常态。

因为和有缺憾的人过有缺憾的日子，才是一种常态。

那些至臻至善的梦呢，就像狐狸化作公子身，灯夜乐游春，难得，容易醒。

10. 无聊比无能更可怕

你身边肯定有这样的姑娘：

A大学毕业后就结婚了，对方是家里介绍的，人不错，家境优渥，她在家做全职太太，次年生了个大胖小子。

同学会上，一群老友重逢，A左右逢源，热心地打探着每个女同学的境遇：团支书嫁人了，不过嫁的是个凤凰男；同桌生了个女儿，婆婆正催着生二胎；以前的好朋友正在相亲，据说已经相过十多个了。

A有些得意，最让她得意的是，当年的班花现在成了单身大龄剩女。

"哎哟，你眼光不要太高。我老公有个同事不错，我介绍你们认识认识？"A格外热心。

班花还是老样子，漂亮大方，聪明能干，已经是公司的部门主管。她委婉地拒绝了A，一旁的同学连忙打圆场："咱们女神还愁嫁不出去吗？"

"这可不一定。我告诉你，女人要是过了30岁，那可没人要了，你得抓紧。"A一副过来人的姿态，怂恿着几个已婚的女同学，"你们说是吧？"

这下引来了一片附和。

"是啊，干得好不如嫁得好。"

"你就听A的吧，她老公的单位不错，介绍的人肯定靠谱。"

班花有些不悦，忍着没吭声。隔天，A擅自安排了一场相亲，在电话里通知她："人特别靠谱，条件又好，就是年纪大了一点，不过，年纪大更懂得心疼老婆嘛。"

班花一口拒绝了，A软磨硬泡："我已经跟人家说好了，你就去见一见吧，又不会吃亏。"

相亲宴结束，班花立刻将A拉进了黑名单。那个相亲对象不是"年纪大了一点"，而是离异老男人，连孩子都会打酱油了。

A打不通电话，改在微信群里嘀咕："你怎么回事？人家跟我说了，你太傲了，性格不太好。"

班花把话挑明了："你以后别给我介绍了，这种男人我看不上。"

她眼不见心不烦地屏蔽了微信消息。这事却还没完，老同学一个个来向她打听，话里话外都劝着："A也是为你好，你别生气，再说你年纪不小了，该结婚了呀！"

她依然不为所动，A也依然"热心"，一来二去，她竟然成了A挂在嘴边的案例，逢人就讲。

"女人嘛，就这几年的好时光，我们班以前那个班花，你知道吧？长得好看有什么用？快三十岁了还没嫁出去呢。"

"你别挑挑拣拣，你看我那个朋友，还是班花呢，还不是只有别人挑她的份儿？"

"这女人要是不结婚，不生孩子，事业做得再大有什么意思？"

班花既无奈又厌烦。

你身边肯定也有这样的姑娘：

B在公司待了五六年，一个办公室里，就属她的资历最老。她性格似乎不错，脸上常常挂着笑，和谁打交道都是和颜悦色的，连对新来的实习生也很客气。

B的日常爱好就是八卦。

实习生还没毕业，做事缩手缩脚，偶然犯些小迷糊，买错咖啡，忘记取快递等。B嘴上说着没关系，转过身，却和同事吐槽："啧啧，现在的小姑娘真是胸大无脑，我跟你说，她肯定走了后门。"

渐渐地，整个部门都传开了："新来的实习生是个关系户。"

深夜加班时，来接实习生的是一辆宝马，B看到了，第二天就迫不及待地向她打探："来接你下班的是谁啊？"实习生有些难为情，回答是男朋友，B还想打听细节，她害羞地跑开了。B撇撇嘴，跟同事热烈地八卦："什么男朋友？我看是干爹吧，现在那些暴发户最喜欢开宝马了。"

于是，"那个实习生被人包养了"的传言不胫而走。

部门里有人结婚，大家都去参加喜宴，B拉着实习生说悄悄话："你知道她为什么急着结婚吗？肚子里有了！现在的小姑娘可真开放，这孩子是谁的还说不定呢。"实习生连忙阻止，B装模作样地解释道："我说的不是你，你心虚什么呀？哈哈哈，你也是和男朋友住在一起吧，我都看到你脖子上的草莓了。"

一群同事挤眉弄眼，笑得很暧昧，实习生又恼又羞，原来自己的私生活一直在被同事议论。

你身边一定还有这样的姑娘：

她热衷于追星，不学习不工作，拿着爸妈的钱，大方地砸在偶像身上；她不记得朋友的生日，却会费尽心思抢一张偶像生日会的门票；她的日子过得一塌糊涂，却将偶像的"金句""鸡汤"挂在嘴边。

她每天宅在家里，不找工作，却在网上大肆地讨论就业形势太难；她在游戏里和人结婚，忙着做任务，却不会抽空打理自己，整理房间；她每天花式甩动手机，截图晒自己的运动排名，却很少出门，更别提运动。

她恨不得二十四个小时盯梢男朋友，电话查岗，翻看手机，检查朋友圈。他如果生气，那就是心虚；他如果沉默，那就是有鬼；他如果冷漠，那就是要分手。

不管是A和B，还是C和D，总有一些姑娘无聊而自大，游戏自己的人生，还试图游戏别人。她们膨胀成气球，内里却是空虚，偏偏打着"为你好"的旗帜，借着关心的名义，一次次侵犯你。

是的，这是一种侵犯。"蓬生麻中，不扶自直；白沙在涅，与之俱黑。"她们习惯性地排斥"异类"，所以出声咒骂、造谣、践踏、伤害，或者试图同化你。而你呢，如果长久地困在这种交际中，只会带来精神上的折损。

如果说无能意味着能力的欠缺，那么无聊则是精神的空洞。有趣的灵魂那么多，请拒绝这些"无聊"的姑娘。

11. 最好的初恋对象是自己

董小姐又失恋了，这一次，她连工作也丢了。

她交往的是自己的同事，两人在一个部门，交际颇多。他风趣而能干，她明明知道公司禁止办公室恋情，还是一头陷了进去。

有些女人在恋爱中是舍身成仁的佛，不是被爱情滋养的花，反而以自身为饵，滋养着爱情。董小姐就是这样，她掏出了自己的全部，双手奉送给对方。

他的胃不好，忙起来顾不上吃饭，她在家煲了汤，偷偷地带到公司。因为要避开大家，她总是早起。

他为了避嫌，在人前总是格外冷淡。哪怕是部门聚餐和集体出游，他也表现得如同陌生人，甚至很少在公共场合牵她的手。

他喜欢宅，他们几乎没有什么正儿八经的约会，周末或假期时，她都陪他窝在家里，他玩游戏，她洗手做羹汤。

她是外地人，他爸妈不怎么喜欢，他们每次上门，她都要避开，他总是说"我不希望你和长辈吵起来"。

如果换作其他姑娘，可能一天也忍不了，这样的男朋友还不分手，留着过年吗？但董小姐甘之如饴，对她来说，付出就是爱情的全部，她从那些掏心掏肺的给予中获取满足和快乐，即使对方的回馈少得可怜。

我们身边一定有这样的董小姐，尽心尽力地爱一个人，费十分的劲，耗全部的心。

她会因为男朋友一句"我要留在大城市发展"，放弃梦想，远隔亲友，离开一座熟悉的城，不计千里万里地去投奔她的爱情；她会因为男朋友一句"女人得学会持家"，舍不得买口红、粉底、睫毛膏和漂亮的高跟鞋，省了钱，悉数花在他身上；她会因为丈夫一句"男主外女主内"，辞掉工作，一心一意地当家庭主妇，每天围着锅碗瓢盆打转；她会因为丈夫一句"我妈年纪大了，你多让让她"，一次次忍受那些不合理的刁难：要赶紧生孩子，要在房产证上加名字，要辞职照顾家里，要多多体贴小姑。

可是，她们通常不容易幸福。因为这样的爱就像一支燃烧的蜡烛，她们的光和热都无私地赠送了，没有给自己留任何后路。

每个"董小姐"都真心实意地爱人，但她们忘了爱自己。

有句经典的广告语是，"爱她，就带她去吃哈根达斯"，其实这句广告语应该改为"爱她，就陪她一起去吃哈根达斯"。

爱一个人最好的方式，不是将所有的美好和难得都拱手相让，而是和他一起享受，任何你想赋予他的美好和难得，你自己也同样值得拥有，也应该拥有。

一个自己都忘了爱自己的人，旁人怎么会惦记，怎么会爱？

我朋友的表姐最近生了个小宝宝，听说当时是动了胎气，折腾了很久，最后临时改成了剖腹产。家属签了一堆协议，在手术前，她还是清醒着的，握着老公的手，认真地说："要是出了意外，尽量保大人。"

她老公一个劲儿地点头，公公婆婆正惊惶着，一时没反应过来。事后，两个老人心里难免不痛快，暗地跟儿子抱怨："哪里有这样当妈妈的呢？连孩子的命都不顾。"老公转述给她，她白了他一眼，理直气壮地说："我可不是开玩笑，我当然疼宝宝了，那我也得有命来疼啊！我要是挂了，留下宝宝怎么办？你肯定会再结婚吧，有了后妈就有后爸，你还会记得我的宝宝？"

这是个聪明的女人。一个为了孩子难产而死的妈妈，又能在家庭里留下多少痕迹呢？你还奢望你的老公一直惦记不忘？奢望你的孩子爱你敬你？奢望你的公婆感恩戴德？新人进了门，你将自己的家拱手相让了……如果你自己没了，那谁还能爱你和你的孩子呢？

其实，每个女人都要学着多爱自己。

一次偶然的机会，董小姐和男友的地下情意外曝光了，上司有些生气，私下责问她，因为对方正有提拔她的意向。

在这次面谈之前，男友早早地恳求董小姐："咱俩肯定得走一个，要不还是你辞职吧。我手头还有几个大项目，熬过去，正是升迁的好机会。"当然，他也有甜言蜜语："咱俩反正要结婚了，你早晚要辞职的，我养你不好吗？"

董小姐忍痛递了辞职信，她舍不得这份心仪的工作，但她更舍不得男友。两个月后，对方却提出了分手，理由是："我妈喜欢独立一点的姑娘，她给我介绍了同事的女儿。"

她爱他如掌上珠宝，他当她是旧日衣裳，说扔就扔。

当然，不是每个男人都如此糟糕，他们或许会体贴点，或许不会让女朋友背锅，或许会勇敢地为你顶撞爸妈，或许会和你走进婚姻的殿堂。这些并不能弥补一个事实：他就算号称与你同一个灵魂，但此刻这个灵魂分住在两个身体里，只有你自己最懂自己，也只有你自己最能爱护自己。所以，在你每个喜怒哀乐的时刻，他无法总是恰到好处地给你拥抱或鼓励，只有你自己能够随时随地、分毫不差地安慰自己，善待自己。

爱情就是热烈的火，是两个人的倾情燃烧，它可能长久地烧着，撑到彼此的人生尽头，也可能瞬息而灭。在爱情里赌上全部心力的姑娘，就像在奋不顾身地燃烧自己，忘了自己，如果对方抽身而退，如果她燃烧殆尽，这段感情还是注定短命，她甚至没有余力去投入下一次。

所以，最好的初恋是自己，在爱别人之前，我们要先学会好好爱自己。

12. 远方依然只有苟且

十一长假刚过，Allen就把辞职信递给了经理。

对方既惊讶又不解。Allen是她最得力的下属，干外贸这一行，加班加点是常有的事，有时候为了及时收到客户的回复，她们得熬到凌晨。但是Allen很能吃苦，有能力，也有野心，每次季度总结，她的业绩总是最傲人的，当然提成也是最丰厚的。

"你是要跳槽？"经理想来想去，觉得只有这个可能。

Allen摇摇头。放长假时，她去了一趟丽江，山明水净，走走停停，卸下了繁重的工作压力，她有些手足无措，也有些久违的轻松。想想每天朝九晚五的沉闷生活，想想钩心斗角的办公间，她突然萌生了留下来的念头。

经理不可置信地看着她："Allen，你不是这么幼稚的人吧？那些诗和远方的鬼话，你也信？"

她太了解Allen了。这个倔强的姑娘，身上带着一股狠劲，头脑精明，职场就是她的战场，她永远也做不来棠梨煎雪、春水煮茶的事。

"Allen，你很适合这一行，前途无量。"经理将辞职信扔了回去。

她还是执意离开了。

月底，Allen回到大理，这座日光和暖的城让人不知不觉地放松。和很多来此定居的都市人一样，她在洱海边开了一家青旅，面朝大海，春暖花开，她在朋友圈里开心地晒图："新的开始，新的生活。"

点赞和评论的朋友一时纷涌，大家叫好之余，还有些羡慕。

谁不想逃离那郁郁不得志的大都市？谁不想改变日复一日的死水一般的日子？民谣歌手都在唱着："生活不只眼前的苟且，还有诗和远方的田野，你赤手空拳来到人世间，为了找到那片海不顾一切。"没有几个人会真正不顾一切，所以那些奔赴"远方"的人就格外让人羡慕，就格外值得赞美，好像他们真能就此告别过去，开始新生。

然而，"远方"绝不是想象中那么美好，它可能依然荒芜一片，只有苟且。

仅仅两个月，Allen就发现开一家青旅也并不轻松，客源、服务、口碑、利润，这些问题一个接着一个。就算是在唯美的丽江，她也要穿衣吃饭，也要房租水电，生活似乎并没有比以前容易，头疼的事并没有变少：当房租涨了，她得费尽口舌地去找房东商量；遇到旅游淡季了，她千方百计地缩减开支，一分钱当两分钱花；熬到了旅游旺季，客人多，旅店更多，她绞尽脑汁地招揽客人。

花样百出的营销和锱铢必较的盈利，这分明就是以前的生活，这和焦头烂额的抢客户、忙业绩有什么区别呢？她还是走上了老路，那么，跋山涉水的迁徙又有什么意义呢？远方与脚下已经没有界限。

其实，哪里会有这样一个"远方"呢？

这一点，文艺青年高晓松比谁都明白。他能不痛不痒地喊出"诗和远方"，那是因为他从来都没有经历过"苟且"，他的生活状态，正是别人所艳羡的。而他所提倡的远方田野，并不是因为那儿真的更加美满，而是因为他本身的状态就足够好，不管他在哪儿，他都可以活得惬意而不苟且。

良好的家世给了他宽松的工作和生活环境，名声在外的才华给了他常人没有的光环，这样的人，当然可以随时随地去追寻"诗和远方"，不管到哪儿都能活得恣意。但是，对于大多数的普通人来说，我们还忙着一日三餐，忙着柴米油盐，忙着为生机操劳，团团转如陀螺。"诗和远方"对我们来说，就像是饮鸩止渴，就像是空中楼阁，让人心向往之，但到了丽江，到了凤凰，到了乌镇，我们依然不会是闲着喝茶赏花的人。

Allen的青旅靠着一家咖啡店，那家店不大不小，文艺范十足，经营得似乎也不怎么样。店主是一对90后小夫妻，原先在北京工作，或许是厌倦了激烈的职场生活，两人双双辞职，到这里定居了。

比起Allen的焦头烂额，他们看起来从容多了。两个人最常做的事就是沿着洱海骑行，那小妻子还喜欢在店前支个画板，给过往的游客免费画像。她爱人呢，在一旁抱着吉他，晒着太阳，懒洋洋地哼着歌。

这才是在丽江该有的状态吧，随性、随心、随意，怎么她就俗不可耐了呢？每天都为店子烦恼呢？

Allen旁敲侧击地问了这对邻居，对方礼貌地笑了笑："我们没想挣多少钱，开心最重要。"

开心也是有成本的，一家咖啡店的房租不便宜，咖啡也不便宜，况且他们生意惨淡。说来说去，人家根本就不愁钱，开店就是为了打发时间，自然没有Allen的各种烦忧。

这种差距并不是后天的，事实上，他们在北京也同样过着"开心最重要"的生活。对他们来说，丽江的确是诗和远方，他们换个地点，换个心情；但是对Allen来说，丽江仍然是个朝九晚五的公司，她以前忙碌和烦恼的事情，现在还得继续忙碌和烦恼。

Allen彻底熄了那颗文艺女青年的心，她结束了青旅，重新回到了大都市。

多少人都像Allen一样，囿于脚下的方寸之地，迫不及待地要奔赴江河湖海，渴望新的环境能安抚内心。其实不然，躁动和不安都是因为自身，而不是因为环境，换个地方生活，照样会有类似的问题，甚至会有新的问题。

别急着奔向远方，如果我们不满意当下的生活常态，如果我们想改变，行之有效的方法是改变自己，而不是改变时间和空间。因为只有更好的自己，才能有更好的生活，才能"不苟且"。

13. 你不是别人的复制

可可从小就生活在表姐的影子下。

"你看你，整天就知道玩，你表姐一回家就写作业！"

"你才考这么点分？你看你表姐，人家数学考了100！"

"你怎么这么不懂事？学学你表姐，她在家可勤快了。"

对可可来说，表姐是她的榜样，也是她的心魔。

高考结束，表姐去了北大，爸妈乐得整天挂在嘴边念叨，于是，北大就成了可可的第一志愿。

大学毕业后，表姐出国留学，大洋彼岸的生活被七大姑八大姨热切地讨论，可可被催促着去报了托福考试。

好不容易学成回国，表姐已经留在高校任教，顶着副教授的头衔，舒适而体面。爸妈一个劲儿地劝着可可："赶紧找个稳定的工作，等定下来，也该考虑结婚了，你表姐都准备要小孩了。哎，要不就去你表姐的大学吧，也好让她帮忙介绍一下，你表姐夫也是学校的教授，多好啊！"

这一次，可可义正词严地拒绝了。

我们为什么要踩着别人的脚印往前走呢？别人很好很优秀，我们就要复制粘贴吗？

小时候，我们一定有个最讨厌的人，那就是别人家的孩子。

他们就像唐僧念的紧箍咒，一次次地让我们头疼：他们聪明能干，他们考上了一所了不起的大学，他们有份令人羡慕的工作，他们早早地结婚了……总之，他们生活如意美满。我们乖乖地跟在他们屁股后面，贯穿整个童年、少年、青年，甚至是老年。

我们在这股追逐的风气中长大，将来可能还伴随着这股追逐的风气老去，那时候我们在嘀咕："我要去疗养院，我们家舅舅的表妹的女儿，她就是住疗养院，哎哟，活到99岁了呢！"

其实不只是爸妈，有时候我们自己也会督促自己，面对电视上、报纸上、网络上或身边的那些成功案例，我们总是下意识地渴望复制。她在政府部门那么清闲，我也要去考公务员；她年薪那么高，我也要去外企上班；她二胎都生了，我是不是也该早点儿结婚？这些念头并不陌生，也不稀奇，因为大家都觉得别人的成功和美满是可以复制的。

所以，从小我们就被要求朝着成功的模式打造自己：考个像样的学校，找个像样的工作，买个像样的房子，找个像样的伴侣。那个"样"，就是别人，就是如意美满的成功人士。

可可就是这样一路追随表姐的，她一直都在复制别人的人生。

这样的人生有什么意义吗？

可能有吧。至少可可的爸妈很高兴，不知道就里的旁人也觉得挺好，但可可不开心。

其实她喜欢音乐，她有一副好嗓子，清甜如黄莺。她想参加歌唱兴趣班，爸爸一口拒绝了："跟学习不相干，不如去补补数学。"她想报考音乐学院，妈妈大动肝火："你怎么这么不懂事？"

其实可可不想出国，她更希望早点儿工作，经济独立。老师们劝她："为什么不出国呢？多见识见识，对你以后有好处的。"亲戚们劝她："出国镀一层金啊，回来好找工作啊！你表姐这样不挺好的吗？"

庆幸的是，可可走出了这个误区。

她没有进入表姐所在的高校，而是进了一家音乐公司。虽然她自己不唱歌了，但她想弥补缺憾，也想取悦自己的耳朵。她拒绝了表姐的相亲，那些教授或许体贴能干，或许温和有礼，但都不是她的菜。她还从家搬了出去，和同事合租。她在读书时代就一直特别羡慕那些住宿生，想尝试留校，但是爸妈不肯，理由是怕她被带坏了。

她的改变在爸妈看来就是叛逆，但可可说："我觉得痛快，就算吃点苦也不算什么，这才是我想要的样子。"

我不要做别人的复制，我不想那样过一生。

如果人生都一样，那还是人生吗？

人生最大的魅力就在于它的不可知和不重样，别人走过的路再美再平坦，我们也不要重复，因为我们有属于自己的风景。

不要去过别人的生活，我就是我，独一无二。

就算不能选择出生的时间和地点，不能选择自己的父母，也不能选择成长的环境，但是我们可以选择成为一个怎样的人，过一个怎样的人生。这就像一场长跑，我们的起点和终点都是不同的，我们为什么要跟在别人后面奔跑？只因为那条路绿荫多吗？只因为那条路平坦吗？我们完全可以开辟出另一种可能性，那种可能性只属于我们。

　　不要做美满的别人，只做特别的自己。

　　现在的可可很成功，最近一次见到她是在杂志上，那是国内一个高端时尚杂志的专访，照片里，她笑得自信而阳光。

14. 学会拿起，学着放下

大霏小时候是个很黏人的姑娘。

有一次，妈妈急着出门办事，她缠着不放，非得跟着去不可，怎么哄也不管用。最后，妈妈使出了撒手锏："如果你乖乖在家，我回来就给你买糖葫芦吃，你不是一直想吃吗？"

大霏欣然答应了。

她整整盼了一个下午，漫长的等待都变得甜滋滋的。

好不容易等到妈妈回来，大霏第一时间冲过去，期待着她拿出一串晶莹剔透的糖葫芦。可妈妈的回答是："我忘了。"

大霏立刻哭了起来。

或许她是真的忘了；或许她是随口一说；或许她压根儿就没想过要买，因为她一向不让孩子吃外面的零嘴。总之，她失信了。

大霏就像被当头淋了一桶冷水，奇怪的是，她那点念想不仅没有被浇灭，反而越来越强烈。这么多年过去了，大霏对糖葫芦一直念念不忘，只要看到了街边的店子，她一定会掏钱买上一串，哪怕她并不会吃。

与其说这是喜欢，不如说这是个执念，攥紧了，放不下。让她念念不忘的除了糖葫芦，还有那份求而不得的记忆。

这听起来只是个无关痛痒，有点匪夷所思的小故事，可是仔细想想，我们又何尝不是大霏？因为一些求而不得的执着，折磨自己。

我有个朋友，她长得漂亮，也很会打扮，最大的爱好就是逛街购物，柜子里永远不缺漂亮的裙子。我们笑她败家："幸亏你老公能挣钱。"

她老公自己开公司，生意做得不错，负责养家；她呢，负责貌美如花。

"我真是穷怕了，我以前不是这样的。"她在醉酒后啜泣。

她和老公恋爱长跑多年，他很穷，她跟着过苦日子，两人窝在小小的出租房里。她每天下了班就给他做饭，酸辣土豆丝、剁椒芽白、西红柿炒鸡蛋，最常吃的就是这些菜，她说她喜欢，其实是因为便宜。

生活总是窘迫的。他有助学贷款要还，还有个正在上学的弟弟，工资根本不够用。第一年冬天，北京滴水成冰，他们住的地方没有暖气，他抱着她哽咽："等有钱了，我们换个好点的房子吧。"第二年，她涨了工资，那天她和同事去聚餐，吃完后在商场闲逛。她看中了一条裙子，她试了又试，同事们都撺掇她买，她看着售货员的白眼，忍着尴尬把衣服还了回去。一千多块呢，她还是舍不得。

她永远都记得那一刻的无地自容，因为她爱了一个贫穷的男人，她如此狼狈。

那条裙子成了她心里的一根刺，等到生日，她忍不住和他提了。他有些迟疑地说："这裙子太贵了，都快半个月的工资了，要不换一件吧。"

她的眼泪一下子就出来了。

其实很多人都说她傻，又不是没有更好的选择，偏偏跟着他吃苦。她也觉得委屈了，每天忙着上班，还要忙着洗衣、做饭、拖地，灰头土脸，连一条喜欢的连衣裙都买不起。

她提出分手，他指责她虚荣，两人吵得不可开交。最后，她还是妥协了，毕竟这么多年的感情，她放不下。

结婚后，他辞职创业，家里的经济越来越好，她也从上班族变成全职太太。生活一下子变得轻松了，她开始满世界地购物，迷恋各种名牌，一件又一件地往家里搬。刚开始，他还表示理解，但她就跟魔怔似的，挥霍成性。有时他忍不住数落，这立刻戳中她往日的痛，她会反唇相讥，毫不客气地指责："你是不是压根，就不爱我？以前穷的时候，我连一件像样的衣服都买不起；现在有钱了，你也不愿意花在我身上？"

吵架和冷战之后，她变本加厉，赌气似的去商场"扫荡"。

执念伤人，哪怕她已经不差钱了，她还是那个贫困而敏感的姑娘。

想想看，多少人和事都被自己的执念所耽误。得不到的永远是最好的，它就像那根悬挂在驴子前面的胡萝卜，驱使着我们盲目地向前走，方向不明，前途未卜。

其实一时性起和耿耿于怀的渴望都是好事。世界那么大，生活那么纷杂，找到自己心动的、想要的、孜孜以求的，那并不容易，而且难能可贵，那是我们为之奋斗的目标，是让我们免于流俗的闪光点。但是，当我们发掘并拾起那一个个层出不穷的欲望，我们必须承认，不是每个欲望都能被满足，余下的就成了缺憾和执念。

我们的生活本来就充斥着无数的缺憾和执念，再不甘心，也得认清。

17岁时，我们错过了那个笑起来山明水净的男生，在以后的很多年，我们都念念不忘。我们拒绝旁人的温柔，拒绝香车宝马，拒绝一颗完整奉上的心，却一次次执着于相似的眉眼，即使受到伤害，那些伤害无异于火上浇油，而我们依然飞蛾赴火。其实呢，在淋过那么多雨，摔过那么多跟头之后，我们更需要的是一个撑伞的人，一个可靠的肩膀或怀抱，那个遥远的笑容已经无法温暖我们。

这就好像一场漫长的减肥。我们为了一件漂亮却不合身的裙子，努力地节食和运动，最后如愿以偿地穿着它招摇过市，事实上，那件裙子早就不合适瘦下来的我们，它过时了，它旧了，再翻出来已经没有意义，我们有更多、更好的选择。

不要让那些执念打乱我们整个人生，如果放下了，它们就是灰姑娘那件会在十二点之前消失的华美舞裙，每个姑娘都在心里偷偷幻想，却又清醒地知道无法拥有；如果放不下，它们就是公主那十八层床褥下的一颗豌豆，永远折磨得你不能安睡。

放下，其实比拿起更难得。

15. 因为懂得，所以不能慈悲

许久没有联系的高中同学在微信上找我："在吗？"

直觉告诉我，这并不是什么热切的寒暄，我犹豫了一会儿，问道："有什么事吗？"

对方毫不客气地说明了来意。她一直在用某款药妆产品，因为国内没有专柜，代购的程序复杂而昂贵，在得知我曾经给老同学买过奶粉后，她希望我也能"顺便"帮忙。

我委婉地拒绝了，一方面我已经回国了，另一方面，我和这个同学实在没有任何交情，况且她在高中时就以斤斤计较而出名。

"你能帮别人，为什么不能帮我？"她振振有词，"大家同学一场，你这点忙也推脱？"

我哭笑不得，她口中的"别人"是我最好的闺密，而且人家也没像她这样理直气壮。

后来，她找了另一个高中同学代购，但她也没有就此放过我，而是在同学群里各种指桑骂槐。有相熟的朋友劝道："就是一点小事，你帮帮她就算了，何必让她糟蹋你的名声？"

我摇摇头，因为了解她，所以不愿纵容她。

后来，这场代购果然起了风波。女同学拿到药妆后，只付了一部分钱给代购的同学，声称她在网上看到的就是这个价格。

本是好心帮忙，却被迫吞了一只苍蝇，代购的同学恼怒不已，将账单贴到微信群里，引来大家热议。即使这样，她也没有买单，一面恼羞成怒地指责对方吃差价，一面嚷嚷着自己收到的护肤品是假货。两人撕破脸，同学群里很是热闹了一番。

要知道，不是所有付出的善意都会被珍惜，不是所有开口的索取都值得满足。所以，我们有时候不用那么慈悲，不是不肯善良，我们的每一次付出都应该是值得的，是被理解和尊重的。

小木有个一起长大的好朋友A，年纪相仿，性格相近，两人熟稔如亲姐妹。

上初中时，她们分在一个班上。小木活泼开朗，依然是个可爱的小萝莉；A已经开始冒个头，渐渐有了少女的窈窕和小心思。

没多久，A交了个小男友。尽管老师三令五申不能早恋，小姑娘还是我行我素，翘了课和小男友去网吧。

有一次，她无意间把一封情书夹在了作业本里，被老师发现了。当着班上同学的面，她又惊又怕，一边抹眼泪，一边咬紧了牙关："我只是帮人转交。"

大家都怀疑地看向小木，谁都知道，她们俩很要好，说不定A就是帮她转交呢。小木气极了，A却只是一个劲儿地哭，哭得老师也心软了，这事便不了了之了。

事后，小木质问她为什么要误导大家，A一脸的无辜："我就是太害怕了，要是老师请家长，我爸妈会打我的。"

"把事情推到我身上，难道我爸妈就不会责骂我吗？"小木觉得这个朋友仿佛陌生人。A恼羞成怒："咱们不是好朋友吗？你这点忙都不愿意帮？"

因为是朋友，所以就要牺牲自己去帮你？这简直是强盗逻辑。

从这以后，小木学会了拒绝。

高考前夕，学校突然增加了一个保送生名额，小木和A是最具实力的候选人。小木不仅各方面条件优秀，还拿了不少竞赛奖项。"那都是可以加分的，"A满脸羡慕地问她，"你怎么不参加高考呢？以你的实力，肯定能考一个更好的大学，你把名额让给我嘛，我成绩比你差一些，高考肯定不如你。"

小木没有搭腔。

A转身去找了班主任，没多久，班主任叫来小木："投票的结果是你，不过还没公布。听说你拿了名额也打算参加高考，以你的实力，考个不错的大学完全没问题，你可以把名额让给有需要的同学。"

小木一口拒绝了："谁是"有需要的同学？A吗？难道我自己就不需要吗？我再有实力，也会担心发挥失常，况且，她拿到名额是大家投票选的，没有使任何手段。"

班主任有些意外，但也理解她的强硬。"其实我就是问问，没有别的意思，主要是名额只有一个，还有同学排队等着。"

这一次，小木毫不客气："我不会把名额让出来的。"

不是每个人都有小木的决断，更多的时候，我们被别人牵着鼻子走。

"你每个月工资那么多，借我一点怎么了？""你已经有一条差不多的裙子了，这条就让给我吧。""我不是故意的，我也爱上他了，你成全我们吧。"……总有一些人会披着弱者的外衣，然后用道德来剥削我们，如果成全她了，她不会感激，因为她觉得那是理所当然；如果没有帮忙，或者没有尽全力帮忙，她反而会生出怨恨，一有机会，就落井下石。

更可恨的是，我们明明知道那些人心怀不轨，另有所图，却无法义正词严地说出那个"不"字。

"我为什么要送你口红？"

"人家难得遇到喜欢的色号，这不是没有男朋友送嘛，你忍心欺负我这只单身狗？你让你男朋友再送你一支。"

"我和男朋友为什么要给你买单？你喜欢为什么不自己买？我的工资难道是大风刮过来的？"

是的，我们都在心里狠狠地吐槽，但都没有勇气撕破脸，因为我们身边有一群人站在道德的制高点上，等着看笑话。他们不是当事人，不能感同身受，只会幸灾乐祸地说，"想不到你这么小气"，"你这样基本没朋友哎"。

要吃过多少亏，得罪多少人，忍受多少非议，我们才能活成第二个小木？当我们的真心被待价而沽，当我们的善意被挥霍如土，或许，我们是时候撕开那层窗户纸了。

因为懂得那份别有用心，所以不能慈悲。

要知道，所谓的"举手之劳"，那是施与者的谦虚，而不是受益者的理由，哪怕真的是不费吹灰之力的帮忙，我们也没有十足的义务要去执行，尤其是当对方以胁迫的姿态提出要求。

16. 成功都是蓄谋已久

在打了无数酱油之后，Q终于火了。在她的新剧发布会上，记者云集，所有的镁光灯都追逐而来。

粉丝们疯狂不已："女神好美，女神的每部剧我都会追。"

经纪人喜不自禁："又捧出了一个小花旦，得赶紧多签点代言。"

同行免不了嫉妒："得意什么呢？捧得越高，摔得越惨。"

热闹的背后，只有Q一个人在心酸：终于熬出头了，成名前的日子太长太灰暗，她吃够了苦。

我的前公司曾与Q有过商业合作，之后她跟我成了朋友。她一路走来，我算一个见证者。如果将每个女人都比喻成一只茧，那么，她们的成功就是破茧而出，伴随着漫长的蜕变和磨难，Q也不例外。

Q当了五六年的龙套，丫头、厨娘、小跟班、尸体，哪怕只有一个侧脸，她也勤勤恳恳地往片场跑。有一次，她临时接到活儿，坐出租车赶到拍摄现场，大冬天的吹着冷风，最后的报酬还不够付车费。

Q是个标准的吃货，没戏拍的时候，就宅在家里给自己做各种美食，甜点、蛋糕、意面、三明治、火锅，样样拿手。自从反手摸肚脐、A4腰开始走红，她就戒了零食，三餐只吃水煮青菜，生生瘦成了纸片人。

Q脾气急，常常得罪人。她曾经陪着制片人去参加饭局，一个投资人暗地对她动手动脚，她泼了对方一杯酒，饭局不欢而散。为此，制片人再也没有找过她拍戏，她只得厚着脸皮一次次上门道歉。还有一次，同组的女演员欺负助理，她看不过去，帮腔了几句，对方是个当红的明星，当下就黑了脸，足足骂了她半个小时。

Q有个相恋多年的男朋友，读书时就在一起，两人都怀着"明星梦"，一路摸爬滚打，熬过了"同患难"，却没有等到"共富贵"。他抱了别人的大腿，青云直上；她成了陌生的路人甲。

这段黑暗的日子她从来没有提起过，跟谁提呢？大家并不知道，也不关心，他们只看到了一个光鲜亮丽的女神，一个在镜头前摇曳生姿的偶像。没有人会想到，过去的她是穿着不合身的衣服，顶着媚俗的浓妆，演着不入流的角色，说着蹩脚的台词。

世人都爱画中仙，谁知菩提修千年。

谁都不是幸运儿，志得意满的笑容里，往往藏着杀出重围的孤勇和无数次的尝试。

你羡慕着班上那个寡言少语的同学考上了重点大学，人人称赞。你不知道她比谁都刻苦，所有的心思都耗在书上，就连生病住院，她都是打着点滴做试卷。

你羡慕公司那个同龄的员工又加薪了，工资几乎是你的两倍。你不知道她背后有多努力，为了应付客户，她能半夜接了电话就出门，她能通宵把方案改了又改。她嫌弃自己的英文口语不好，每天跟着视频练习，被很多人嘲笑，但她没有停止。

你羡慕一起长大的好朋友嫁了个好男人，有钱有房，长相还帅。你不知道她和男朋友分分合合多少次，忍受他的大男子脾气，原谅他的花心。她在婆婆跟前伏低做小，辞了工作，专心照顾小孩，就为了面上风光的豪门生活。

这样的例子有无数。

Lori的婚礼办得热闹而隆重，新郎是青年才俊，相貌和家世都不错，两人在海外留学时相识，恋爱多年，如今修成正果。

宴席上，不知道多少姑娘心里暗暗发酸。要知道Lori的条件并不好，她来自农村，父母是最本分的农民；她本人也不是什么名校高才生，读了个普普通通的大学，然后拿着工作积蓄游学，出国镀金；她长得好看，但也只是好看，既不会让人一眼惊艳，也不会让人念念不忘。

就是这样一个"灰姑娘"，轻轻松松地嫁给了王子，怎会不让人嫉妒？

旁人只看了她的风光，谁知道她背后的苦？

她家境不好，靠着贷款和勤工俭学读完了大学；尽管止步于理想的大学，但是她并没有放弃，还了债，挣了钱，考了托福，出国继续深造；因为没什么背景，所以她比谁都努力，从普通的志愿者到汉教老师，最后被推选为文化推广大使。

她在大学里同时打四份工，忙得如陀螺，没有娱乐和恋爱的时间；她没有阿玛尼的口红，爱马仕的包，迪奥的香水，别的姑娘忙着网购，她忙着存钱；她在唐人街一家餐馆洗盘子，冬天里，双手冻得失去知觉；她遇到新郎的过程一点儿也不浪漫，她给他送错了餐，为了保住工作，她不停地抱歉，给他重新送餐时，配上了自己动手腌制的小菜。她的一手好厨艺让他刮目相看，而这是因为她曾经在餐馆兼职了好几年。

不是所有的努力和艰难都能被看到，毕竟没有人会留意眼泪，只有鲜花和掌声才能引来追逐。

在成功前，再多的辛酸也只能深埋心底。谁会关心泥土之下的寒冷和黑暗呢？只有当那颗种子发了芽，长出枝叶，开出繁花，人们才会蜂拥而至，送上赞美。

是的，繁花夺目，但你不要只看到它的光鲜，也要看到它背后每一次经历的风霜。

没有人能随随便便成功，那些人看起来毫不费力，其实背后比谁都努力。

不要再羡慕，不要再异想天开，也不要再怨天尤人，成功不是一蹴而就，也不是唾手可得，你要做的是，如烟花醒目那一刻之前的漫长酝酿与准备。

17. 不争，是最大的争

你看过海鸥捕食吗？一群海鸥绕着海岸飞啊飞啊，看准了水下的鱼，收了翅膀，一个猛子扎下去，那样子根本就是置之死地而后生。

我们都是那群海鸥，争夺着猎物。

毕业在即，小满和室友都忙着考研，这时，院里几个有限的保研名额就变得炙手可热了。给老师送礼，让家里托关系，匿名举报同学作弊……激烈的竞争下，大家纷纷使出浑身解数，就为了得到保研的机会。

小满无疑是个异类，她没有参与这出钩心斗角的戏码，每天安安静静地泡图书馆，看书、刷题、忙论文，一心一意地准备着考研。室友偷偷地提醒她，别的同学都去找关系，她也应该去多走动走动。

"名额就那么几个，肯定会有人轮不到。"小满老实地说，"争来争去也没意思。"

室友连连摇头，她知道班上有女同学几次宴请院领导吃饭，还看到过有人出入教师楼，手上拎着大小礼包。

这场暗流涌动的竞争最终以院长签字盖章的公告结束，小满也在保研的名单之中。室友既意外又怀疑："你是走了狗屎运吧？别人挤破脑袋，你倒好，闷声发大财。"

小满哭笑不得，以她的成绩，拿到这个名额并不意外。谁说一定要去争？她每年的考试都是院里的第一名，她早早地发过C刊，她大大小小的奖学金拿了不少，这份简历是送再多的礼也改不了的。

如果说争抢是赢在运气，那实力才是最大的底牌。无论工作、爱情，还是生活，都是这个道理。

为什么放下身段和别的姑娘去争一个男人？如果他爱你，别人是抢不走的；如果他不爱你，即使你抢来了，别人也能抢走。

为什么费尽心思地去争Boss的信任？只要你有实力，肯吃苦，能办事，没有哪个Boss会厌恶你。

为什么要面红耳赤地吵架，争个输赢？音量大就是对吗？歇斯底里就是正义吗？逞一时的口舌之快并没有意义，不如沉默，时间会证明你。

阿M在家里排行老二，哥哥聪明能干，妹妹乖巧伶俐，于是，她理所当然地被忽视了。有什么好吃的好玩的，总是哥哥和妹妹先挑，剩下的，才是她的；学校开家长会，爸妈总是顾不上她；妹妹的生日比她早一个月，爸妈从没有给她办过单独的生宴会，总是凑合着；她考上大学的前一年，哥哥进了名牌大学，宴会办得风风光光，轮到她，一家人简单地吃了顿饭，因为妹妹明年高考，早早地就嚷着要让爸妈宴请宾客。

也许每个老二都有这样的辛酸，好在阿M不计较。她很懂事，不像哥哥那么霸道，也不像妹妹那么娇蛮，尽管爸妈顾不上她，但是她上学、写作业都是认认真真。遇到有人故意打趣："你爸妈是不是很偏心？"她都一笑置之。

尽管不争不抢，但阿M得到的爱并不少。

因为她不争，遇到高考、工作、找对象这种大事，爸妈反而认真地询问她的心意，力所能及地帮她，就怕她委屈自己。因为她不争，家里的那些姑姑阿姨反而更喜欢她，衣食住行都格外上心，逢年过节，给她的红包总是最大的。因为她不争，男朋友格外疼她，他早早买了房，就为了让她搬出家里；她不会开车，他每天上下班接送；他担心她在公司被欺负，经常约她的同事们出来吃饭聊天，替她交际。

比起动不动就使性子的妹妹，阿M似乎才是赢家，就连她结婚时，爸妈觉得太亏欠她，准备的嫁妆也比给妹妹的丰厚。

妹妹又羡又妒地打趣她："真是傻人有傻福。"

阿M笑而不语。她争什么呢？她只要好好地做自己，一个聪明乖巧的姑娘，怎么会缺了宠爱？谁都不是傻子，妹妹的心眼儿多，难道爸妈就不知道吗？哥哥的跋扈，难道旁人没有看在眼里吗？

如果说争抢是赢在手段，那不争才是有力的绝招。

或许人都是趋利的动物，面对香喷喷的馅饼，都想去分一杯羹。更何况它是有限的，那大家只能兵刃相见地去抢、去争、去夺，淡定如阿M只是少数人。但这少数人才是聪明人，坐看云起，笑看花开。

你一定遇到过很多明争暗夺的场面。

还是个孩子时，我们就和同龄人争夺老师的关注，哭闹，耍坏，不停地做小动作，努力考第一。有这样调皮的孩子，当然也有乖巧的孩子，老老实实地听课和写作业，似乎没有什么存在感。

等到了大学，我们和同学争夺助学金、奖学金，每次评选就是一次集体卖惨，有人哭诉自己家境贫寒，有人哭诉爸妈卧病在床，有人哭诉出生于单亲家庭。与此形成鲜明对比的是，也有人默默地勤工俭学，节衣缩食。

进了职场，每一次的升职和加薪都会引发刀光剑影，我们使出浑身解数：送礼，走后门，打探小道消息。但总会有一颗榆木脑袋，不开窍，不圆滑，不世俗，埋头做事。

哪怕是变成白发老太太，我们可能也会为脸面而争执，嘀咕着谁家的孩子更孝顺，谁的广场舞跳得更好，谁的儿媳妇体贴。

连动物也会为资源而争，为配偶而争，为声名而争，更何况人？但是，争就一定赢，不争就一定输吗？

我住的小区里有两家餐馆，都是送快餐的。一家店的老板有些斤斤计较，遇到客人要求抹掉零头，他总是板着脸拒绝："我们是小本生意，就挣这一两块钱，给你抹掉了，我可就亏本了。"另一家的老板则爽快些，哈哈地笑："行吧，这一块两块，我也不和你争了。"

一来二去，两家的生意就有了落差。

你看，生活就是这样，不论我们自己是否争强好胜、斤斤计较，对别人，我们总是更喜欢不争的那一个，吃饭是这样，工作、生活就更是如此了。

18. 相信爱情，但不要依赖爱情

情人节就要到了，popo却传出了失恋的消息。

朋友们既意外又唏嘘，毕竟这几年她发了不少狗粮，原本以为能修成正果的，没想到还是散了。

恢复单身的popo消失了很长一段时间，她宅在家里不出门，通宵看剧，暴饮暴食，抱着被子号啕大哭。再次露面的她让我们大吃一惊，她整个人干瘦如柴，顶着黑眼圈，身上套着一件空荡荡的T恤衫，哪里还有以前娇俏活泼的样子？

她是被家人耳提面命地赶出门面试的。

"我现在觉得自己特别失败，真的，尤其和你们对比。"popo黯然神伤。

她前所未有的后悔，在此之前，她最好的时光和精力都投入在爱情上了，爱情的背叛，让她几乎一无所有。

popo和男友是在新生见面会上认识的，彼此一见钟情，很快陷入爱河。于是，大一时我们还在忙碌于各种社团活动，popo已经开启浪漫的爱情之旅；到了大二，我们积极地竞选着学生会、团委，popo早就偷偷地搬出了宿舍，过起甜蜜的二人世界，每次班级活动，她总是缺席，而每次查寝，我们都要想尽办法帮她蒙混过关；大三的时候，我们或找了实习单位，或准备考研，或准备出国留学，只有popo最悠闲，窝在出租房里刷剧，偶尔心血来潮地给男朋友下厨，顺便也叫我们去蹭饭；大四快毕业了，我们各自有了去向，而popo则等着结婚："我男朋友说了，将来他养我。"

　　这四年，popo似乎没有任何规划，或者说，她一心扑在了她的爱情上。她没有考过英语四、六级，却因为男朋友喜欢dota，跟着他在游戏里刷了一级又一级；她没有拿到任何资格证，却为了给男朋友做饭，巴巴地去学了厨艺；她没有获得任何奖学金和荣誉，跟着男朋友翘了不少课，都耗在玩乐上。

　　毕业后，她在男友的工作单位附近随便找了一份差事，薪水很低，就为了能让男友早上起床后有饭吃，晚上回家有汤喝。三年时间，我留学回国，她一如既往，不见成长。

　　这场她倾尽心力的爱情，最后只剩下眼泪和伤心。除了一张本科毕业证，她没有技能和特长，甚至也没有朋友，在生活上也是一个低能儿：不会买火车票，不知道身份证怎么挂失，分不清地铁卡和公交卡，连单独出远门的经历都没有，因为以前一直都是男朋友包揽的。

对于popo来说，这大概就是一场梦，醒来也是浑浑噩噩。

女人总是很容易像这样失足于爱情，不管是在二十来岁的年纪，还是30岁、40岁，遇到那个他，内心鼓噪如蝉鸣，很快陷入仲夏的美梦。

他说，"我永远爱你"，你信了，还感动得一塌糊涂，陪在他身边一年又一年地蹉跎。直到有一天，他爱上了别人，挥一挥衣袖就走了，而你猝不及防，愤怒、怨恨、不解、失意，你伤了心，再也不肯用真心去爱人。

他说，"我的就是你的"，你想为了两人的未来努力，毫不犹豫地把存款拿给他。房子记在他名下，你从来没有怀疑，直到有一天，你们狠狠地吵了一架，他不耐烦地提出分手，开了门，让你赶紧滚，你才发现自己人财两失，无处可去。

他说，"我会对你好的"，为了这句虚无缥缈的承诺，你义无反顾地嫁了，打理家务，照顾小孩，甚至放弃工作，时不时还要忍受婆婆的挑剔。直到有一天，他冷漠地说你变了。是的，你是变了，变成一个围着厨房打转的黄脸婆，而他依然光鲜得意。

你流过眼泪之后，或许还在懵懂，为什么会这样子？难道全心全意地投入一段感情不对吗？是我们不够自私吗？是一定要抱着游戏的心态，做好随时抽身的准备吗？

爱情当然是美好的，大多时候，一段爱情在开始之初是真诚的。他说过的话，许下的诺言，也是打算实现的，不怪姑娘们会相信，会铭心刻骨。可是，相信美好会发生和笃定美好一定发生是不同的，前者是念想，后者是孤注一掷的豪赌，有赌就有输的可能。

所以我们可以相信爱情，但我们不能依赖爱情，它是夜空里的北极星，让我们在彷徨与迷失中看到希望；但它不应该是溺水时的稻草，有等于没有，要想得生，必须自救。

阿尤和老公一起白手起家，创建了公司。这几年，她吃了不少苦，还失去了一个孩子，现在日子总算舒坦了，身边的朋友都劝她享享清福，舒舒服服地在家当个阔太太，公司的事就让男人去忙。

"那都是我一点点拼来的，我得盯着。要是他给我败光了怎么办？说不定他迷上哪个女人，卷了公司的钱走人呢。"

阿尤不肯，她现在管公司的财政，虽然累，但是她安心。

这才是个聪明的女人。

在谈情说爱之余，留几分余力来关注自己；除了那些你侬我侬的情话，我们也该记住一点文学知识、英语句子；除了那个形影不离的怀抱，我们也可以尝试着多交几个朋友，多认识几个圈子；除了一日三餐和衣食住行的琐碎，我们也要培养自己的兴趣和爱好，别沦落为绕着厨房打转的怨妇。

其实，爱情所赋予的安全感就像一株大树，他高大威猛，遮风挡雨，女人则是藤萝或新苗，心满意足地躲在他的庇护下。在甜蜜、浪漫和激情的滋养中，我们很容易失去警觉，渐渐地习惯于依附他，可是，那株大树随时都可能断了供养，随时都有被砍伐的危机，一旦失去他，我们何以为生？

爱情是世上最极致的事物都无法比拟的，就像三月的桃李，林间的风，落在雪地上的月光，这些都是美好的，但这些也是不长久的。女人怎么能依赖爱情而活呢？这就好比放弃根土的花，不计后果地投身花瓶，再美的花瓶也会让它枯萎消殒。

女人应该相信爱情，不管在什么年纪，都可以随心所欲地投入。但是，如果我们想要更好的人生，想要更有底气的自己，那就不要一头栽进去，爱他，但不要依赖他；相信他，但不要指望他。

19. 留心处，有花开

　　细节会透露一个人的本性。

　　樱芝一直偷偷暗恋着公司的男神，当他主动告白时，她又惊又喜。在一起之后，她曾好奇地追问，优秀如他，为什么会选择平凡的她呢？

　　"因为你是个好姑娘。"他诚实地回答。

　　樱芝一头雾水，好姑娘是什么意思呢？是善良？前台的小A就是心善的姑娘，她每天都会喂养公司楼下的野猫；是勤快？新招的实习生小B这个月又拿了全勤，她几乎总是第一个到公司，包揽了扫地、拖地、煮咖啡的活儿；是老实？同事小C是最文静的，从来没看她和别人起过争执，总是满脸微笑。

　　面对樱芝的分析，男神笑而不语。

　　善良、勤快、老实……在钢铁林立的城市，这不过是面具，就像用眉笔、口红、粉底画出一张精致的脸，现在的姑娘也擅长给自己贴上美好的标签。但是，这种高明的伪装始终会有破绽，藏在一些不经意的旁枝末节里。

男神没有告诉樱芝的是，她口中的那几个人都戴着"好姑娘面具"。

他不止一次地撞见小A为难新来的漂亮实习生，一个对猫很有爱心的姑娘，为什么不能对同类再善良一些？

他也不止一次地帮小B收拾工作上的烂摊子，虽然小B私底下谢过他，但在上司面前，她依然心安理得地表示这都是她努力的结果。

至于最老实的小C，他常常撞见她和同事在私底下议论那些捕风捉影的八卦。

说到底都是小事，但正是一件又一件的小事撕开了那些精心编织的伪装。

细节会透露一个人的教养。

新月和男友认识于一场相亲，他彬彬有礼，温文尔雅，她很满意，却又有点患得患失的隐忧：或许他不如表面看起来那么完美。

在交往的第二个月，她亲自下厨为他做了一顿饭。餐桌上，她失手打碎了一只玻璃杯，不等她反应过来，他已经抢先一步开始收拾了。

她留意到他把碎片都装到了一个塑料袋里，系好了才扔进垃圾桶。她随口问了一句，他笑着解释："要是玻璃片不装好，那清洁工很容易伤到手。"

她的心一下子就软了。

她有过很多追求者，粗粗一看，似乎没什么区别，他们衣着光鲜，风度翩翩，体贴周到，像极了绅士。但真正的绅士是需要用心辨认的，他们或许没有耀眼的光芒，顶着一张平凡的脸；或许不善言辞，默默地坐在聚会的角落；或许落魄失意，身上没有一件名牌。但他们的教养让他们与众不同，那是藏在举手投足里的，就像他，随时随地都心怀善意。

细节会透露一个人的真心。

小T和妈妈的关系一直不好，她敏感如含羞草，而对方强势又专横，活像称霸家中的母老虎。当青春期撞上更年期，后果就是无穷无尽的争吵，她总疑心妈妈并不喜欢她，尤其是在她成年后，妈妈又生了个小弟弟。

大学毕业，小T选择了留在异地，工作、恋爱、买房、结婚……渐渐地，她很少再回老家，和妈妈的联系都是通过电话。她们性子都急，说不了几句就会吵，于是她连电话也打得少了，她在心里埋怨妈妈不关心自己，而妈妈却责备她冷漠，什么事都不和家里商量。

生孩子时，小T的身体不大好，她妈收到消息，一个人连夜坐着火车赶来，陪她待产。孕妇本就脾气不好，两人住在一个屋檐下便摩擦不断：小T爱吃酸，家里买了整篓的杨梅，她妈见一次便念叨一次，最后干脆藏起来；她不喜欢吃鱼，但她妈每天炖鱼汤，她闻到那股味道就想吐；她晚上睡眠浅，半夜常常惊醒，她妈和她睡一间房，本意是为了方便给她按摩，但偏偏睡觉沉，鼾声大，扰得她更加睡不着。

磕磕绊绊地到了产期，小T是剖腹产，她被推出来时，麻醉已经退了，整个人又累又痛。产房门一开，家属立刻围了上来，她老公和公婆忙着向医生追问孩子的情况，她妈却第一个冲到她身边，攥着她的手，一个劲儿地问她累不累饿不饿。

小T偷偷掉了眼泪。她想到家里那些被包裹起来的桌子椅子，因为她粗心，总会不经意地撞上；她想起随处摆放的零嘴和蜜饯，因为她胃口大，总是觉得饿；她想起房间里新换的被子，那是从老家带过来的棉花被，又软又暖，因为她畏寒。

那都是她妈妈的功劳，虽然不言不语，但满满的都是爱。

这世界很缤纷，你我都在走马观花，那些或高雅或昂贵或光鲜的人和事，总是格外地吸引眼球。精致的生活，优雅的男人，体面的工作，谁不喜欢呢？我们追逐着光芒，却忽视了很多细节。

你一直默默地在公司当隐形人，不爱参加集体聚会，不会在闲聊时插上话，不曾主动地联系同事，你甚至叫不出他们的名字。你以为他们也同样忽视你，但你没有留心过，你的垃圾袋总是隔壁桌的同事顺手帮忙拎走。

你以为自己找到了真爱，他带你吃喝玩乐，他会在每个节日准备惊喜，他介绍朋友给你认识。你认定他是真心想娶你，但你没有留心过，他的无名指上有戒指的痕迹。

你又拿下了新项目，大老板当众称赞，薪水也涨了，小道消息都在传你要升职了。你风光得意，觉得自己的路越走越顺，但你没有留心过，你的直属上司却一直黑着脸。

别错过生活中的每一个细节，留心它们，那是最隐蔽的提示。

20. 最难的是你不懂自己

细细总说自己是个选择困难症患者，毫不夸张地说，她每天站在公司楼下的早餐店都会纠结很久：是要小笼包呢还是要酸辣面？

"你为什么会纠结呢？"我曾经好奇地追问。

"因为有两个选项在面前啊，要是它只卖小笼包，那我就直接买小笼包了。"

在细细的逻辑里，纠结是因为选择项太多，各有各的优势，小笼包鲜美可口，酸辣面刺激开胃，似乎都有可取之处。那如果他们家还卖三明治、土司、汉堡包呢？细细岂不是要更纠结？

这不是选择困难症，是根本不懂自己真实的喜好和心意。我们喜欢清淡，那些重口的食物再美味也没有吸引力；我们喜欢肉食，那些青菜萝卜再健康也打动不了人；我们喜欢美味的中餐，那些西餐自然被淘汰。

选项再多，诱惑再多，重点是我们喜欢什么。当然，人生远比菜肴更繁复，我们面临的选择和纠结也更多，但相同的是，我们要明白自己的心意。

最近细细正在考虑辞职，现在的这份工作虽然薪水不错，但她并不喜欢。她大学时读的是戏剧表演专业，有一颗想当明星的心，当初是迫于家里的压力，她才放弃了自己的梦想。

"有家影视公司招助理，我挺想去的，但那边工资太低了。"细细有些苦恼。

她偷偷地去面试了，并且顺利通过，她又惊又喜，私下跟我们说："没想到我竟然成功了，我真的要去影视公司了！虽然只是个小助理，但是说不定就有机会演戏呢，就算不能演戏，以后每天上班都能看到爱豆，那也值了。"

她兴奋得像打了鸡血，没多久，却又愁眉苦脸："可是我真的要辞职了，咱们公司这么好的福利和待遇，以后想找也找不到的，就这么走是不是太可惜了？"

细细陷入了前所未有的纠结：现在的工作也挺好的，同事和睦，加班少，关键是工资高，但偏偏不符合她的兴趣爱好；新公司呢，符合她的专业，方便追星，还有机会完成一直以来的小心愿，但工资有点低。

她跑来征询大家的意见，我苦口婆心地劝她："不用想那么多，听从自己的心意就好了。"

旁人的建议和分析是帮不了她的，再睿智也不能，这并不取决于两个选项的利弊分析，而是取决于她自己。如果她是个理想主义者，不将就，不妥协，那她始终会走上那条艰苦的梦想之路，哪怕荆棘丛生；如果她是个现实主义者，一旦习惯了优渥的物质条件，那她就会为之依赖，将金钱摆在首位。

做选择并不可怕，可怕的是我们自己不懂自己。

上海姑娘荔枝第一次提出要和男朋友回老家时，她爸妈极力反对。他们根本不同意女儿的恋情，当然，他们有自己的理由，荔枝是在蜜罐里长大的，衣来伸手，饭来张口，六岁学舞，七岁学琴，和那个来自深山的男孩子完全不同。她有点娇气，又任性，不会做饭，不会洗衣服，更别提其他的家务活，她怎么能适应那个贫困的家庭？

荔枝和爸妈大吵一架，她固执地嚷嚷："我就是喜欢他！谁说我不能吃苦？我愿意为了他吃苦。"

她一气之下自己买了火车票，跟着男友坐了十几个小时的火车，辗转到了他家。进了门，她觉得网络上那些关于农村的报道并不真实，他家虽然不富裕，但也没有家徒四壁，两个老人虽然穿着普通，但也不邋遢，还亲自做了一桌丰盛的饭菜。

荔枝松了一口气，也为自己感到骄傲：我可不是一个物质的女人。但是，半个月的假期还没过完，荔枝就提前买了车票回上海，为此她还和男友吵了起来。

她委屈极了。他家没有空调，大热天的，她翻来覆去睡不着；他家也没有装热水器，洗澡水需要用炉子烧，非常不方便，而且，有一天她发现他们家人共用一个洗脚盆；他们家乡没有吃早餐的习惯，她只能每天饿肚子，忍着不说……

这些细碎的不快积少成多，终于让荔枝忍无可忍，没多久，她就和男朋友分手了。每每有朋友问起，她总是遮遮掩掩，借口找了一个又一个，心里多少还是有些难为情的：哦，原来我是这么现实的人。

其实，认清自己并不丢人，荔枝错就错在不知道自己要什么，稀里糊涂地试了一次错，多少伤了那个男孩的心。她真的物质吗？她本就拥有优裕的物质条件，可以享受舒适的生活方式，没有谁规定她一定要走下神坛，过普通人的日子。她之前会有那样的冲动和误解，只是因为她身在福中，没有吃过苦，不知道自己是个贪图享乐的人。

你看，只有读懂自己，才能给出正确的选择，可惜的是我们很多人都做不到。

我们总是希望别人能真正了解我们，所以才有"灵魂伴侣""知心朋友"之说，可有时候我们自己都没有真正了解自己，那些迷茫、犹豫、伪装，都是因为我们不曾直面灵魂。

《倾城之恋》里，范柳原对白流苏说："我自己也不懂得我自己——可是我要你懂得我，我要你懂得我。"他嘴上这么说着，心里早已绝望了，然而他还是固执地，哀怨似的恳求她："我要你懂得我。"

外人都当他是浪荡子，花天酒地、玩女人、打牌，渐渐地，他再也脱不下这个面具，在浪荡子的路上越走越远。遇到白流苏，他和她进退如猫捉老鼠，他狡猾又自负，操控着这场爱情游戏，当他的猎物技巧十足地来应对，他又不乐意了，可是她无动于衷时，他偏偏又去撩拨。说不清是他在游戏爱情，还是爱情在游戏他，他只能稀里糊涂地承认："我是个浑蛋。"

他是个浑蛋吗？他自己也不知道，一个这样混沌的人，不是没有可能变成彻头彻尾的浑蛋。幸好有了香港的沦陷，他看清了自己，白流苏也看清了他，他们最终修成正果。

这种侥幸是以一座城池的倾覆为代价的，不是谁都有这样的机会，更多的时候，我们都浑浑噩噩地过活，终其一生不曾叩问过自己的灵魂。

21. 孤独是最好的药

你有没有这样的时刻，突然觉得自己人生也就这样了？热闹和笑声都是别人的，只有你一个人狼狈着，就像隔着一道商场的玻璃橱窗，你无法走进他们的优雅，他们也不能理解你的失魂落魄，哪怕是再亲密的朋友也不能。

KK最近过得糟糕透了。

大学毕业时，她跟随男友到了这座南方的小城，干着一份可有可无的工作，日子过得不坏，却也不好。生活习俗的差异，未来公婆的不满，同事的疏离，这些都让KK不适应，偶尔，她也会向远在北方的亲友哭诉，可是，言语的安慰过后，一切依然照旧。

"当初我就不同意让你跟他走，人生地不熟的，你肯定会受欺负。"

"让他多陪陪你吧，慢慢地就会好了。"

"要不你干脆辞职吧，让他养你得了。"

翻来覆去就是这些话，KK暗暗在心里难受：男友的爸妈至今还不同意两人交往，嫌她是外地人，工作不稳定，她怎么敢提出辞职？因为和家里闹矛盾，他们在外租房住，男友的工资全用来养家了，他比以前更忙，别说陪她，有时候加班到深夜，连家都不回。

可是这些，她的亲友们并不知道，她不想说，也就不能指责她们"站着说话不腰疼"。

不久前，男友顶着家里的压力去相亲了。KK既难过又无奈，这一次，她提出了分手，辞了职，搬了家。

她没有回北方，是没有勇气，也是没脸。她最好的朋友现在自己开了公司，意气风发；一起长大的表姐风风光光地嫁了人，刚生了一对双胞胎宝宝；大学室友留在学校里当老师，顺利地评上了副教授……

似乎只有她在浑浑噩噩地过日子，怎么看都有点落魄，像是被遗忘在了这座小城市。不，朋友们有时也会联系她，嘘寒问暖，她也会兴高采烈地回应，但这种兴高采烈是浮在表面的，是礼貌的伪装而已。

每一通电话都像一面照妖镜，她根本不敢说实话。怎么说？她们聊买房聊买车，她没有任何积蓄；她们热切地分享着育儿心得，她连男朋友都丢了，完全插不上话；她们三五不时地讨论买股票、投资，她只能沉默；她们也会抱怨客户太难搞，追求者太次，新上市的某款大衣太贵，她小心翼翼地掩饰着自己的失业。

一来二去，她渐渐把自己封闭成了孤岛。

也许，每个姑娘都曾经是一座孤岛，或者正在成为孤岛。生活热闹而繁复，但总有冷清、孤单、无助和沉默的片刻，它们就像突然断电的屋子，不期而至，让我们陷入焦灼与恐慌，谁也不知道它什么时候走，会不会走。

谁的青春不曾迷茫？谁的一生不曾孤独？

其实，孤独是最好的休息，我们不但不会被它打败，反而能趁机养精蓄锐。想想看，在离群索居的时候，我们可以静下来做自己，比如摘下那些不得不戴的面具，它会让我们知道，原来我们还没有变成自己讨厌的人；比如好好读一本有深度的书，那是我们计划了很久，却没有时间，也没有精力做的；比如回头看一看走过的路，在我们摔跤的地方，肯定有重要的提醒；比如出门走走，去看陌生的城市，去遇见有趣的人；比如重新认识身边的人，有些是真心，有些是假意。

孤独并不可怕，它是一次长假，而不是磨难。我们不用抵触或逃避，想想看，当我们还没出生时，就安安静静地在妈妈肚子里待了十个月，从有了呼吸与灵识，我们便是孤独的。世界很热闹，父母很欢喜，但他们都隔着一层，我们独自萌动、长大、瓜熟蒂落。等到了弥留之际，我们同样是一个人，谁也不能真正地陪伴和理解，那也是一段注定孤独的路。

从出生到死亡，谁也无法逃脱孤独，我们总会习惯的，然后慢慢和它握手言和。

在痛定思痛之后，KK干脆退出了好友微信群，也不再逛微博、煲电话粥，既然进不去别人的世界，那不如在自己的世界里闭关，好好地修炼。

她给自己列了一个书单，订下每月阅读计划，慢慢地将自己沉淀到书墨之中；她积极准备着一个学校的教师招考，那是她的专业强项，也是兴趣，不再是单纯为了钱而工作；她新养了一只猫，还加了养猫兴趣群，她一直就喜欢宠物，以前是为了迁就男朋友才放弃的；她每天一个人买菜做饭，为了取悦自己，她还特意制定了瘦身套餐。

在这期间，KK没有任何小伙伴，她是一个人熬过来的。难过了，没有人及时递上纸巾；开心了，没有人搂着她大笑；无聊了，也没有人能说说话、开开玩笑。但是，她让自己变得更好了，她有和气的同事，有可爱的学生，有一拨儿兴趣相投的网友，当他们热闹地挤进她的生活，那段孤独的日子便不药而愈。

两年后，KK跟女同事逛街时，遇到了前男友和他的新女伴。KK神采飞扬，她已是当地一所大学的讲师，享受着好几个同校男老师的追求，他们中不乏海归精英。

前男友看到她时，眼前一亮，似有千言万语，KK没有给他开口的机会。她礼貌地点头，然后挽着同事转身离去，优雅而痛快。

我们都应该学会和孤独共处，就像KK，好好休息，焕然一新。那或许是因为挫折，因为不被理解，因为失去陪伴，因为茫然，总之，我们只剩下自己，那么我们就趁这个机会来善待自己。

在无助时，想一想自己的不足，试着改变；在跌倒后，看一看绊脚石，长点记性；在失恋的时候，擦一擦眼泪，有错就改……请享受此刻的孤独，它就像了无生趣的灰烬，但只要你扒开它内里的火星，它终将点亮我们的生活。

22. 不解释，是错误的开始

苏白第一次和男友吵架，是因为误会。她去见新客户，没想到对方是许久没联系的前任，她挺意外的，也挺伤感，当初他们爱得轰轰烈烈，后来因为父母反对而分了手。

再次见面，他们友好地吃了顿饭。

苏白并没有把这段插曲放在心上，对她来说，那更像是和老友的寒暄。没有想到的是，男友从别人口中听说了这件事，他大发雷霆，当即和她吵了起来：

"你怎么能背着我去见他呢？你有没有想过我的感受？

"你是不是还爱他？

"你为什么不说话？心虚了吧，我说中你心事了？"

他是知道那段旧情的，但两人在一起这么久了，她爱得不比他少，都已经到了谈婚论嫁的地步，他怎么能这样不信任她？苏白又生气又难过，摔门而去。

他们开始冷战，最后，男友向苏白主动低头，两人和好如初。

事情真的翻篇了吗？苏白发现，她和男友的关系渐渐有了罅隙。

她有时候会临时加班，和他约好的电影只能泡汤了，他打电话来试探："为什么公司就你那么忙？"她二话不说就挂电话，接下来又是冷战。

她爸妈来看她，而他刚好出差了，等他回来，两个老人已经打道回府。他忍不住埋怨，话里话外都是猜疑："你明明可以事先告诉我的，我好调整行程啊，你是不是压根儿就不想让我见家长？"于是，他们开始吵架。

她一直有些粗心大意，加上工作忙，连怀了孩子也没发现，等到意外小产时，她又惊又悔，犹豫着该不该告诉男友。他很快知道了，红着眼睛质问她："要不是我看到你的病历卡，你是不是压根儿不打算告诉我？你不想要孩子，为什么不跟我商量商量？"这一次，他比任何时候都咄咄逼人，她也前所未有地失望，两人同时提出了分手。

等冷静下来，苏白既委屈又后悔。他们之间是有感情的，她从来没想到会这样不欢而散。他们怎么会分手呢？她想，她对他不够好吗？她工作太忙，有时候周末也没时间，可是她从来不把工作带到家里，每天再忙也会赶回来做饭，就是为了多陪陪他；他担心她父母不接受，其实她背地里总是为他说好话；她已经不年轻了，家里总催婚，她从来不在他面前说这些，因为他曾经说过要先拼事业。

她以为自己做得够好，他应该会懂，所以她没有开口解释过，哪怕他误会，甚至提出分手。她只是一次又一次地觉得失望：他如果爱我，为什么还会有那样的误解？为什么还会错怪？

你有没有像苏白这样失望过？你以为他懂，可是他却等着你开口；你以为不必解释，最后却酿成了不可挽回的错误。

部门里，有人在背后诋毁你，你没有放在心上，你觉得身正不怕影子斜，只要自己好好表现，时间会证明一切的。但是你不知道，同事们抱着"无风不起浪"的心思观望着，你不辩解，那就是心虚和默认，渐渐地，他们对你敬而远之。

你和婆婆关系亲密，你细致周到，并不输给亲女儿。你知道她血压高，一日三餐便格外留心，辛辣的不能吃，油腻的不能吃，大鱼大肉不能吃，她质疑过几次，你觉得都是为她好，日久见人心，也不愿和长辈顶撞。但是你不知道，她背后对着儿子和邻居抱怨，指责你过于苛刻，不知是真关心还是假好意，一来二去，大家都当你是个刻薄的人。

你忙于工作，三五不时地出差，因为你老公习惯了琴棋书画、貌美如花，那你只能挣钱养家。你希望能给孩子更好的物质条件，所以你忙得团团转，忽略了他一天天的成长，错过了他一次次的家长会，甚至连坐下来陪他吃顿饭的机会都少，你以为他能懂这其中的苦衷。但是你不知道，一道深深的隔阂已经形成，在孩子心里，你是两眼只有利益的挣钱机器，是不称职的母亲。

所以，为什么不解释呢?

这世上没有什么心有灵犀、心照不宣、心心相印，有些话如果不说，就会埋下隐患，以后也没有机会说了；有些事实如果不澄清，以后就算知道了，积年累月的隔阂也无法消弭。

我们看过那么多的狗血剧，男主角往往咆哮着"我不听，我不听"，而女主角则一脸失望和隐忍，真的闭嘴不提了。一个自以为明白了，一个自以为不用说，于是一系列虐心虐肺的狗血和误会应运而生，其实呢，不过是一句解释。

因为不解释，你往往掩盖了事情的真相；因为不解释，你可能会弄丢珍贵的感情。不管是对自己，还是对他人，请留出一个解释的机会。

　　小尤在一家培训机构当老师，已经是第八个年头了。月初，她刚怀上二胎，为了稳妥起见，她休了半个月的假，再回到公司时，她感到了一股危机：不知道是有意还是无意，公司减少了她的授课时间，在课程安排上，也由大班课改成了一对一模式。这不仅仅关系着薪水，小尤更难过的是老板背后的深意，或许他是想炒掉她了，毕竟一个孕妇意味着产假、停职哺乳等等。

　　怀着这样的念头，小尤每天都郁郁寡欢，偶尔同事们在办公室说笑，她总疑心是不是在嘲笑自己。就在她犹豫着是主动辞职，还是等着被炒鱿鱼时，公司举行了一次聚餐，她鼓起勇气质问老板，对方既惊讶又委屈："你这么好的员工，我怎么会辞掉呢？这不是考虑到你身体吃不消，我才故意减少了你的授课吗？好多学生还有意见呢！"

　　小尤啼笑皆非。明明一句话就能解释的事，她自己却纠结了那么久，不过，也幸好她和老板有这次开诚布公的机会。

　　不要把解释的机会清零，不要把解释的话语打断，要知道，许多错误明明可以避免，也可以及时拨正。

23. 要追求品质，而不是品牌

　　夏乔第一天去公司报到时，就被同事的巴宝莉大衣晃了眼。

　　这是家时尚杂志社，多数是年轻的姑娘，一个比一个漂亮，也一个比一个会打扮。夏乔低头看看自己，那件在淘宝网上两百来块买的连衣裙，此刻看起来糟糕透了。

　　她们会不会嘲笑我的裙子？出门之前应该换一双鞋的，脚上这双有点旧了；我不应该拿手包的，毕竟不是什么名牌货，会不会有线头？

　　从这以后，夏乔有意地提升自己的衣品，为了漂亮的时装，她宁可饿肚子；为了买奢侈品，她还常常在网上分期付款；她没存下什么钱，成了一名"月光族"。看着镜子里光鲜亮丽的自己，夏乔扬扬自得，而男友却开始不满，两人的争吵越来越多。

他指责她虚荣，她振振有词地反驳："我只是追求生活品质而已，有什么错？而且我花的都是自己的钱，我又没有让别人买单，怎么虚荣了？"

听起来似乎很有道理，女孩子嘛，就得取悦自己，辛辛苦苦挣钱不就是为了花？提升生活品质不对吗？难道要任由一朵花枯萎成黄脸婆？

是的，追求更好的生活品质并没有错，即使我们处在贫穷和失意里，这也并不妨碍我们喜欢名牌，那些光鲜显目的包和鞋，就像是星星和月亮，将贫瘠如黑夜的我们点缀得闪闪发光。又有哪个姑娘不迷恋这种光芒呢？哪怕这只是一种虚张声势，一种狐假虎威的错觉。

不是所有姑娘都能清醒地区分品质和品牌。

什么才是生活品质？有钱吗？穿着爱马仕，开着宾利，吃着神户牛排，出入高档场所，从头到脚都是精致的，这才算生活品质吗？

花花没有钱，她在北京漂了五六年，每月的工资也就一万左右，还抵不上人家手里的一个包，简直算是彻头彻尾的穷人。但她从不露怯，也不觉得自己有什么可怯的，她穿的都不是什么大品牌，但绝对不委屈自己，以舒适的棉麻为主，都是些二线品牌，偶尔也会买专柜货，只买对的，不买贵的；她依然租房住，布置得整洁温馨，所有家具都是她一手挑的，尤其是床，没花多少钱，但都是她喜欢的风格。她还养了许多盆栽，在阳台上一字排开，春天有花，夏天有绿荫，既好看又净化空气。

花花说，她每天最开心的时候，就是回到家，窝在小沙发里，抱着自己动手缝制的布艺靠枕，然后做一桌自己喜欢吃的菜。

难道花花的生活品质就不高吗？她至少活得比夏乔恣意，她的日子安稳而又舒适，而后者却时时背负着卡债。

生活品质不是透支明天，来成全眼下的狂欢；生活品质不是一种空中楼阁的讲究和挥霍；生活品质不是对物质的迷恋和饮鸩止渴；生活品质也不是虚荣的代名词。

生活品质是一种求好的精神，是在一个有限的条件下，寻求最契合的风格与方式。它不一定是最好的，最贵的，最被认可的，但它是最适合你的。

在一次同学聚会时，夏乔拎着她新买的香奈儿招摇过市，正得意时，闺密笑着追问她："在网上淘的吧？仿得可真好。"

夏乔有些不悦，毫不客气地反驳道："我这是在专柜买的，你什么眼神？"

再三确认这是正品后，闺密不仅没有如她所愿地露出羡慕，反而一脸的嫌弃："你吃错药了？买这么贵的包干什么？"

夏乔再次搬出了她的"生活品质论"，对方嗤之以鼻，看着她的眼神如同看着白痴："生活品质？这个几万块的包能改变什么？你不是照样挤地铁？不是照样点头哈腰地给老板端茶送水？不是照样的节衣缩食？哦，你还多了卡债要还。"

话有些刻薄，但这也是事实。

一瓶迪奥的香水，能够让你的生活开出花，从此芳香四溢吗？一只纪梵希的口红，能够为你铺出一条红地毯，成为所有人的焦点吗？一个香奈儿，能够让你一路顺风顺水吗？

名牌当然惹人喜欢，但不是每个人都有能力拥有。如果你挤着地铁，住着出租房，就不要透支自己的能力，去追逐这些锦上添花的东西，它们很可能不再是点缀，而是负累。你要做的是静下心来，想一想，你真正喜欢的是什么，你需要的是什么，你适合的又是什么。

让自己处于最舒服的状态，不管是经济上、物质上还是精神上，这才是最好的生活品质。

在一次集体旅行时，夏乔发现自己的女神同事竟然也会穿几十块钱的地摊货，要知道，她长得漂亮，家世又好，一直都是夏乔羡慕的对象。她穿着最普通的T恤衫和热裤，大大方方地在沙滩上吃烧烤，照样有衣着精致的男士去搭讪，索要她的电话号码，她拒绝了，和公司其他姑娘一样，毫无形象地坐在地上，笑容粲然。

这份从心底里发出的惬意，是夏乔穿再贵的比基尼也模仿不来的，那一刻，她彻底意识到了自己的错误。

24. 请尊重每一个不起眼的姑娘

忘了从哪儿看到的一段话："有朝一日你若动了情，千万得先守住秘密。在没有弄清对方的底细之前，千万别掏出你的心。"

这话对女人尤其适用。因为一颗诚意满满的心，遇到一个不懂珍惜的人，他们只会嗤之以鼻。

四四暗恋着自己的顶头上司。他在国外长大，风趣幽默，绅士体贴，一米八几的个头，是个天生的衣架子，西装和白衬衣的普通搭配，也能穿出不一样的优雅。他还有一张不错的脸蛋，剑眉星目，眼珠是浅棕色的，笑起来灿烂而迷人。

这已经够让一众女同事疯狂尖叫的了，他来公司没多久，又有小道消息在传"他是咱们集团老板的亲侄子"。谁能抵抗一个帅气多金的男人呢？尤其他还表现得那么体贴，他会亲切地跟前台打招呼，会随口说"谢谢"，会在加班后大方地请客吃夜宵。

他顺理成章地当选了公司头号男神。

几乎所有的女同事都暗恋着这位男神，四四也不例外。她是他的助理，比别人更多了一些机会接触他，也陷得更深。

男神每次有应酬，四四总是贴心地准备好醒酒药。如果他喝多了，她总是那个送他回家的人，给他煮柠檬茶，帮他清洗弄脏的衣服。

男神常常留下来加班，四四也陪着。熬到深夜，她开车去买一碗热气腾腾的小馄饨，按照他的喜好，不放香菜，多点葱花。

男神是有女朋友的，一个电视栏目的女主持，漂亮大方，举手投足都透着优雅。四四经常帮忙买花，挑选礼物，去餐厅订位。

对于四四的细致和体贴，男神赞不绝口，总是当众夸她："太能干了，我得给你涨薪水。"

他并不知道，这一切都是因为她爱他。这份沉默的爱就是个秘密，四四没有勇气说出口，也从来没有想过说出口。但是，在一次公司聚会时，她喝多了，面对同事们的起哄和玩笑，她头脑发热，冲到男神面前，对他告白了。

尽管女同事们都心照不宣地暗恋着男神，但四四那句结巴巴的"我喜欢你"，还是让很多人吃惊了。大家齐刷刷地看着她，一副看好戏的模样，男神更是变了脸色，尴尬而疏离。

第二天，男神就把四四调到了其他部门。他客气而明确地说："我不希望你对我有任何非分之想，也不希望你再留下来，那样会打扰我的工作。"

是啊，他是称赞过她的工作，欣赏过她的能力，但那仅仅是对待一个员工的礼貌，一旦剥离了这种关系，他连眼神都吝啬得不会给她。

公司的流言传得沸沸扬扬：她真是癞蛤蟆想吃天鹅肉啊；她也不照照镜子，老板的女朋友那么漂亮，她差远了；听说她不是本地人，这是想钓个金龟婿吧！

四四大哭一场，悄无声息地辞了职。她最委屈的是，她并没有想过得到男神的回应，为什么他和大家都选择嘲讽和轻视？难道就因为她不漂亮、不富有、不优雅，她就连喜欢一个人的权利都失去了？她的心意就这么不值钱，让人毫不珍惜地踩在脚底下吗？

她并不比任何人低贱，却因为容貌被轻视。她很快去了另一家公司，也是当助理。在这里，她认真的工作态度，无微不至的照顾让新上司欣赏不已，连连升职，一年后就成了公司的人力资源主管。

再次遇到男神，是因为两家公司的合作。她利落能干，出色的表现让所有人眼前一亮，男神认出了她，同样赞不绝口，言语中透出了后悔。

四四婉拒了他伸出的橄榄枝，骄傲得如同一个公主，再也不是从前那个不起眼的丑小鸭。

M也有过相似的经历。

她是来自小镇的姑娘，一心想当演员。毕业后，她拎着行李箱来北漂，住过地下室，吃过白水煮菜，演过无数没有台词的龙套。花了好几年的时间，她才算一只脚踏进了娱乐圈，进去以后才知道，这里永远不缺爱做梦的年轻人，有长得好的，有背景好的，有专业好的，有口才好的。总之，想出名的人一抓一大把，她湮没在其中，就像最不起眼的尘埃。

那时候，她比大明星还忙，忙着到处揽活，忙着给人家打杂，忙着吃饭、喝酒、应酬。其实真没有人看好她，她长得虽然不差，但远远没有到大美人的级别；她只是读了一所普通大学，没有受过系统的专业训练，比起科班出身的人差多了；她一穷二白，什么背景都没有，只能被人家排挤。

M什么样的嘲讽都听过：她是想红想疯了吧？现在什么人都可以当明星了吗？长这样还想做女主？

那又怎么样呢？她现在不照样风风光光地走过红地毯，捧起最佳新人的奖杯，身边围绕着掌声和鲜花，那些新起的小花只有羡慕的份儿。她不够美，不够专业，没有背景又怎样？她一步一步地完成了自己的目标，走完了想走的路。

既然丑小鸭也可能变成白天鹅，那谁也没有资格阻止她前进的脚步。

没有谁应该被轻视和瞧不起，没有谁应该被践踏，每个灵魂其实都不卑微。

是的，不是每个姑娘都有相同的起点，不是每个姑娘都有漂亮的外貌和聪明的头脑，也不是每个姑娘都有光鲜亮丽的水晶鞋和通往舞会的马车。但即使是灰姑娘，她也有一颗渴望的心，她也追求善和美，她也等待着爱情光临。难道就因为她灰头土脸，因为她身份卑微，所以就该被嘲笑吗？就该被拒之门外吗？

要知道，灰姑娘才是最后赢得王子青睐的人。我们此刻看轻的，也许是别人日后的珍宝；我们此刻不相信的，也许将来会遭到啪啪的打脸。

可以不喜欢，但不要伤害；可以不理解，但不要侮辱；可以不亲近，但不要冷漠。那个和你擦肩而过的灵魂，尽管不起眼，但她可能有一天绽放光彩，请尊重她。

25. 话不能多，人不能作

情人节那天，陶小乐失恋了。

她男友抱着一束红玫瑰来找她，而她快快不乐，因为她室友刚收了一盒漂亮的永生花，据说价格不便宜，惹得几个姑娘羡慕不已。

"红玫瑰多土啊！"陶小乐在心里抱怨了几句。男友察言观色，问道："你不喜欢？"

"没有啊。"陶小乐有点赌气，在接下来的晚餐中，她始终冷着脸。

牛排太硬了，甜点不是她最爱的口味，餐厅有点low。她的情绪几乎都摆在了脸上，男友适时地建议："要不去看电影吧。"

她兴味索然地敷衍："随便啊，我没意见。"

"那你想看什么电影？"男友耐着性子哄她。

"随便。"她和那捧玫瑰花闹起了别扭，一朵一朵地揪着花瓣，闷不吭声。

大冷的天，两人就这么杵在电影院门口，僵持着。男友最后火了，一把攥过那捧碍眼的玫瑰花，砸在地上："你到底想干什么？"

陶小乐瞪大了眼睛，委屈和惊讶同时涌上来，她尖叫道："你凶我？你竟然凶我？你怎么可以这样对我？分手！"

人来人往的地方，女孩儿连吵架都那么骄傲，并且底气十足。她趾高气扬，像一只漂亮的孔雀，等着他低头和服软。

"陶小乐，你能不能别这么作？"男友疲倦地叹气，"如果你考虑清楚了，那就分手吧。"

他转身就走，留下错愕的陶小乐，一个人傻傻地僵在原地。

回过神的陶小乐放声大哭，痛骂男友情商低，不懂得怜香惜玉，肯定是喜欢上别人了。她完全没有想到，这一切仅仅是因为她太作。

我见过太多这样的姑娘，最后把自己的幸福给作没了。

有姑娘在结婚典礼上要求男方当众下跪，对她说99次"我爱你"。那个内敛的小伙子红了脸，恳求私下再说，她不肯，闹得小伙子的父母也黑了脸，婚礼最后不欢而散。

有姑娘大半夜的要吃麻辣烫，冬天里，让男友从被窝里钻出来，穿过半个城市，送到她面前。她一筷子也没动，她只是和闺密打赌，将这当成一个试探的游戏，男友自然和她大吵一架。

有姑娘不停地追问："我和你妈同时掉进水里，你会先救谁？"

这样作出花样、作出高度、作出新纪录的例子太多，难怪直男们要感叹：珍爱生命，远离作女。

或许每个姑娘都不觉得自己作，也不觉得这是什么大毛病。她们理所当然地认为，我是女孩儿，我就有撒娇、任性、犯点小错的权利，而你如果爱我，那就得包容我。甚至，当她们在一段感情中没有安全感时，她们就开始找存在感，各种花样百出的手段接踵而至。

说到底，所谓的"作"，就是一种不合时宜的矫情和试探。

哪个姑娘没有一点这样的小心思呢？我们明明在心底接受了他的邀约，嘴上却还含蓄地说着"不要"；我们明明喜欢他送的花和巧克力，面上却欲拒还迎，"那多不好意思啊"；我们明明愿意牵着那只宽厚的手，身体却还别扭地挣扎。

每个姑娘的口是心非和表里不一都是可爱的，就像调味品，恋爱因此才有了各种滋味，忐忑而甜腻，迷惑而神秘。没有人会讨厌一个姑娘或羞怯或拙劣的撒娇，多么笨拙而可爱啊！尤其这些笨拙和可爱都是为你而生。

这大概就是"小作怡情"，偶尔的小打小闹在恋人那里就是一种情趣，但如果姑娘们没有掌握好分寸，那就是"大作"伤身。

本质上，那些"作"的姑娘都是为了引起男友的关注和理解，前者比如陶小乐。她何尝不知道情人节应该和有情人做快乐事？但她还是搞砸了整个约会，这里还有些故意的成分，她试图向男友发出无声的信息：我很不爽，你不能像别人的男友那样，表达爱意的方式再热烈点吗？

这就是小姑娘之间的虚荣和计较，但她希望她的男朋友能听到，并且理解。在她看来，这是男朋友的义务，所以一旦他不懂或不配合，争执就来了。

因为姑娘都觉得，男朋友就是和自己亲密无间的人，是另一半，所以她们希望男朋友能在自己不表态的情况下理解自己的内心需要，就像玩一个猜心游戏：你猜猜我现在在想什么？猜不出来我就和你发火！但这种要求合理吗？我们并不是另一个人肚子里的蛔虫，永远也无法准确地察觉到对方的心意，哪怕是再聪明的姑娘，也不敢打包票说百分百了解她的男朋友，那她凭什么要求男朋友随时随地猜中她的心思？

所以，通过"作"来获得理解的方式并不奏效，甚至适得其反。男人们可能会觉得，她怎么这么难懂？她到底想说什么？一头雾水的他们宁可选择敬而远之。

同样的道理，那种通过"作"来获得关注的姑娘，也往往错得离谱。

"半个小时之内出现在我家楼下，不然你以后也不用出现了。"

"你爱我吗？那为什么还发脾气？我只是发信息让你女同事别有事没事就找你。"

"加班重要还是我重要？睡觉重要还是我重要？玩游戏重要还是我重要？"

这样求关注真的不是"作"吗？真的能引起男人的好感和怜惜吗？在一次又一次试探和咄咄逼人之后，我们很可能已经"作"掉了对方的容忍和温情，即使他曾经有过，也慢慢耗损了。

不作不闹，偶尔撒娇，可以矫情，不能要命。

这才是姑娘们最可爱的样子。

26. 贪爱的女人需要戒毒

"我小时候缺钙，长大了缺爱。"阿狸总把这话挂在嘴边。

她贪图爱，也爱过很多人，结果却都不尽如人意。

阿狸的第一任男友是她的同桌，他学习好，瘦瘦高高的，笑起来喜欢眯着眼，像月牙儿似的，勾得女孩子们都心花怒放。

她给他写纸条告白，他红着脸，在桌子底下偷偷地牵住她的手。

初恋总是美好的，就像包裹着玻璃纸的水果糖，滋味甘美，五彩斑斓。最初的甜蜜过后，阿狸和男友开始争吵，因为她不喜欢他给别的女生讲题；不喜欢他在放学以后还要留下来给同学补习；不喜欢他周末去参加篮球队的活动，放弃和她约会；不喜欢他总是宠爱家里的小妹妹，把买给自己的草莓分给她一半。

"你是我一个人的！"阿狸总是这样抱怨。

起初，男友也好声好气地哄她："人家问我作业，我总不好意思拒绝吧，而且也不都是女生。"

"男生也不行，我讨厌别人抢走你。"

男友无奈，只能迁就她。但高中的课业本来就重，他们用来恋爱的时间少之又少，而他作为学霸，还要参加各种竞赛和培训。阿狸一次又一次吵闹，因为她不开心的时候，他在家照顾妹妹，不能及时赶到她身边；因为她考砸了的时候，他在外地考试；因为她生日的时候，他忘了准备礼物。

这段青涩的恋情很快结束了，从这以后，阿狸的感情大多这样不欢而散。

大学毕业后，阿狸和同校的学长走到了一起。她活泼烂漫，他沉稳可靠，两人如漆似胶，很快开始谈婚论嫁。

学长忙着创业，他的公司刚刚起步，越来越忙，渐渐地，阿狸开始不满。

"他为了见客户，又放了我鸽子。"

"他就不能对我上心一点吗？竟然让我一个人去试婚纱。"

"他肯定不爱我了，我今天给他打电话，他竟然挂了，说什么在开会。"

"他开车送女同事回家，我都看到了！"

他们的争吵越来越多，他斥责她无理取闹，她哭诉他的忽视和不上心。引爆矛盾的是对蜜月的安排，阿狸想去马尔代夫，她计划了一段完美的二人世界，但学长却提出要去法国，因为他刚好要去见一个重要的客户。

阿狸勃然大怒："是我重要还是生意重要？我的婚礼，为什么还要迁就别人？"

尽管喜帖已经发了出去，但阿狸还是毅然中止了婚礼，她振振有词："我为什么要嫁给一个不爱我的人？"

那些男朋友真的不爱她吗？

他曾经在冬天的早晨排了两个小时的队，只为给她买一笼最爱的小笼包。

他因为她在电话里哭，连夜买飞机票，赶到她在的城市。

他从来不让她进厨房，家里的活儿全都是自己包了。

他知道她喜欢巧克力，省下零花钱，饿着肚子，给她买了一个月的巧克力。

可是在阿狸的眼里，这都不是爱，她要的是全心全意。她需要男朋友每时每刻的关注；需要他天冷时嘘寒，天热时温暖；需要他随叫随到；需要他始终把她当成第一位；需要他拿出百分百的精力。

这样的关系，才能给阿狸安全感，才能让她感受到爱。她说："他当然要一颗心都放在我身上。"

她就像一只以爱为生的水蛭，吸食着每个男朋友，她需要用那些爱来证明自己。她的美丽，她的自信，她的魅力，这些都源自于别人，只有当她收到正面的反馈，她才有底气对自己承认：哦，原来我是个可爱的女人。

为什么要把这份认定建立在别人身上？就像阿狸，为了获得自我的满足，她需要不停地获得别人的赞同，获得越多的注意力，她就会越满足。

这不是爱，这是占有。

在任何一段感情里，谁也不能彻底地占有谁，即使他们打着爱的旗帜。所以阿狸总是一次又一次地失望，她以为错在对方，自己永远无法得到百分百的爱；其实错在她自己，她不该像瘾君子似的，索求无度。

爱情往往是需要节制的，贪爱的女人则需要学会戒毒。

阿狸新交的男友是一个教授，比她大七八岁，性格沉稳，在很多事情上都能包容。他欣赏阿狸的娇俏天真，也理解她疯狂的掌控欲，在日复一日的相处中，他手把手地教她成长起来。

他常常会去外地做学术报告，阿狸不放心，总是胡思乱想，他就带了她一起出差。一次，两次，渐渐地，她熟悉并厌倦了会议流程，当他再主动邀请她，她很干脆地拒绝了。等他一个人出了门，她也不会再像以前那样，二十四小时打电话查岗。

他班上的女同学多，阿狸有时会抱怨，他就经常叫女同学们来家里聚餐，他躲在书房里，她和女同学们打成一片，渐渐地，她和他的学生们成了好朋友。她不再小肚鸡肠地翻他的手机，反而喜欢上那群年轻人，常常约着一起出游，扔他一个人在家。

他工作忙的时候，错过了她的生日，阿狸觉得委屈，觉得他不在乎自己。他为了宽慰她，每天早晨都为她订一束玫瑰，直到她心疼钱，主动叫停了，事后再也没有提过追求浪漫的事。

阿狸的这段恋情持续了整整两年，她已经决定嫁给这个男人。

不是因为他给了她百分百的爱，而是他教会了她怎样去爱。在过去的前半生里，她总觉得男友必须做到心里只有她，必须宠着她让着她，必须证明他是爱她的，并且把这样的想法强加在男友身上，要求他做到。如果他做不到，她就会不由自主地怀疑：他是不是不爱我？

现在她懂了，爱不是霸占对方的全部，也不是要求对方想到自己的全部。

我们或许遇不到教授这样的男人，有时间和闲心教导你、引导你，但我们有大把的机会来调节自己的心态，学会去爱、去理解、去等待，然后收获幸福。

27. 别回头，也别念旧

我们常常站在这样的十字路口：往前走，可能是更美的风景，也可能是深渊，一切都是未知的，而未知带来了畏惧和期待；向后退，是经历过的人和事，有温情，也有假意，一切都是熟悉的，而熟悉意味着厌倦和疲惫。

这大概是人生的常态，而更常态的是，我们在迈出那一步后，往往不断地后悔，不断地自我怀疑：真的还要继续走下去吗？

其实，既然已经往前走，那就千万别回头。

阿银在一所私立学校当老师，好几年了，日子过得悠闲，每天就是给学生们上上课、批改作业，偶尔做点课后辅导，挣点外快。她觉得很轻松，也很无趣。

一次偶然的机会，阿银辞职了，跳槽到一家外企，给他们当技术顾问。生活节奏一下子就变了，她不得不适应朝九晚五的时间表和动不动就加班的惯例，每天挤地铁，面对同事们匆忙而冷漠的神色，还得高强度地工作。况且，外企不比学校，竞争激烈，她没有任何优势，坐足了冷板凳。

她有点后悔了，不知不觉地念叨起从前的好：学生们都很听话，同事间也没什么大矛盾，她上完了课就能休息，哪个家长对她不是既满意又恭敬?

渐渐地，阿银开始有些游离，总憋着一股劲儿，提不上去，沉不下来。或许她自己并没有发觉，但她把情绪带到了工作上，愤懑于现在的状态，又不肯用心去改变，只是一味地为前后的落差而不甘心。

上司也不是傻子，在一次会议后叫住她："既然你不想干了，那我也不勉强。"

阿银急了。她确实贪图以前的安稳和顺遂，但她从学校辞职那是闹了一番动静的，现在又灰头土脸地回去，先不提学校会不会答应，就算是答应了，她面上也挂不住。

她一下子把自己放在了最尴尬的境地，向前走不了，向后退不了。

人生有时候是一场豪赌，做出了决定，就不能回头，优柔寡断只会更加糟糕。我们需要一点赌徒的狠决，义无反顾，勇往直前，哪怕选错了，也不过是从头再来，总好过瞻前顾后。

工作如此，恋爱也是如此。哪怕现任不如前任，我们也不能念念不忘，陷在过去里。因为那段路已经走完了，我们要留心的是脚下，是眼前。

如果怀揣着对昨天的迷恋，我们无法开始一个新的明天。

叶子和前男友分手时，真的伤筋动骨地哭过一场。他们在一起六年，他出轨三次，她每次都装聋作哑，选择原谅，最后忍无可忍，拎着一个行李箱，搬出了他们同住的公寓。

她信誓旦旦地说："我要找一个爱我的人。"

于是，她相亲认识了现男友。他是小学老师，温和老实，和她去电影院约会时，会偷偷脸红，不敢牵她的手。他体贴而可靠，会去菜市场挑一只真正的土鸡，花半天时间，给她炖天麻枸杞鸡汤，用保温盒送到她家里。

可是，在这些小细节里，叶子竟然感到了失望。

她想到了前男友。他们是真的相爱过，他幽默风趣，每次她生气了，他会抱起吉他，胡乱地编着道歉词，哼哼唱唱，总会逗乐她，而不是像现男友一样，结结巴巴地解释，红着脸，束手无策；他常常给她制造浪漫和惊喜，车后厢的玫瑰花，冰箱里塞满的巧克力，柜子里突然多出的一个包，现男友是不会做这些的，他只会老老实实地问："你喜欢什么花？"

她不是不知道现男友的好，可是这种"好"在残忍的对比之后，是那么轻飘飘。时间抹去了出轨带来的伤痛，面对这个不会出轨的男人，叶子又开始怀念前男友的浪漫和幽默，她甚至忍不住会想：如果他能不这么老实，该有多好。

因为这份失望，她迟迟没有答应对方提出的结婚请求。

就在叶子摇摆不定时，前男友突然找上了她。和以前每次出轨一样，他声泪俱下地哭诉，请求她原谅："我爱的人是你，我真的只是酒后糊涂，你原谅一次吧，我再也不会犯这种错。"

叶子犹豫了，那种伤筋动骨的痛还记忆犹新，但她忍不住贪恋他的浪漫。

"我们结婚吧，我现在就娶你。"他信誓旦旦。

叶子几乎要动摇，闺密及时劝阻了她。虽然说浪子回头金不换，但谁能保证这个浪子一定不会再浪？她明明有个更稳妥的选择，为什么要冒风险呢？

"或许他这次真的会改。"叶子始终嘴硬。

不是没有这个可能，但也有可能他会故态复萌，毕竟这不是第一次了。她何苦要用一个缥缈的希望，去试着更正昨天的旧路？

最后，叶子还是嫁给了现男友，原因无他，当她正准备跟现男友提分手时，无意间发现前男友手机里跟别的女人甜言蜜语。他是浪漫，但这份浪漫永远不会只属于她。

婚后生活平稳而静好，丢开心底的那点遗憾，她慢慢也接受了。他实在是个好男人，包揽了所有的家务活儿，将她照顾得无微不至。

陆续地，她也会听到前男友的消息：找了女朋友，又换了女朋友。闺密戏谑地问她："你现在还遗憾吗？"

遗憾什么呢？他的花心和风流，更加对比出她的美满和如意，她比以前看得更透了。

那些爱过的人，走过的路，经历过的事，最好把它收录在记忆里，足够美好的人，谁也不会去错过，既然已经离开，就证明他们还不足以让我们停留。

既然已经远走，就不要一次次地回头，否则可能会因此错过前路的风景，留下真正的遗憾。

28. 转角会遇到风景

人生是一段漫长的独行，幸运时，可能会遇到同路人；不幸时，可能孑然一身，迷失在山重水复。

如果前方无路，不如试着转个弯，或许另有天地。

在结婚的第五个年头，Ada 和老公协议离婚了。

他们一直想要孩子，准备了很久，却总是希望落空。两人去医院查了查，结果是她身体出了问题，受孕困难。乍听到这个消息，两人都有点蒙，蒙过之后，Ada 的老公表现还算体贴，他安慰她："没事，现在医疗这么发达，总能怀上的。"

他们开始一次又一次地尝试试管婴儿，然而都没有成功。接踵而至的打击让他们有些崩溃，不管是心理上，还是生理上，他们都疲惫至极。

争执和罅隙渐渐浮现。

Ada 的老公始终想要个孩子。他家几代都是单传，爸妈早就催着要孙子了，况且他也到了做爸爸的年纪，每次看到别人家的宝宝，他都会忍不住逗一逗，满脸羡慕。Ada当然知道他有多喜欢孩子，她肩上的压力更大了，心里却又会暗暗地怪他：明明知道我现在生不了，你就不能把脸上的心思收一收吗？

他们正冷战，婆婆也插了进来，毫不留情地斥责她："一个不会下蛋的母鸡，留着有什么用？"

为了孩子，这个家彻底撕破了脸。Ada和老公是大学恋人，感情深厚，如今渐行渐远，他不再像以前那样体贴周到，回家就对着电脑，半天不吭声，面对母亲阴阳怪气的指控，他也装聋作哑，任由婆媳两人吵得热火朝天。Ada既心累又心塞，她从来没有想过，一向亲如母亲的婆婆竟然变了脸，不仅对她横挑鼻子竖挑眼，还公然将她不孕的事宣扬出去，有事没事就和小区那帮老太太诉苦，责骂她不孝。

往日温馨和睦的家庭已经成了冰窟，Ada宁可窝在公司加班，也不愿再回去面对老公和婆婆。就在她满心期盼着早点儿怀上孩子时，她发现了老公和女同事的暧昧，Ada不敢置信地质问他，他却振振有词："你能怪我吗？我总不能这辈子都不要孩子吧？"

"你要跟我离婚？"Ada大受打击。

"她怀孕了，"他老公稍稍犹豫了一下，嗫嗫地说，"咱们还是离了吧，不然，你要我怎么跟爸妈交代？"

Ada当天就办了离婚手续，然后利落地辞职，搬离了那座城市。

如果说人生有四季，Ada之前无疑是幸福的，事业顺心，家庭美满，朋友亲人都在身边，就像最繁盛的春夏，绿叶红花，开到了极致。她没想到事情一下子急转直下，她根本没有勇气留下来面对，朋友的怜悯，亲人的忧心，前夫迅速的再婚，这都映衬出她是个多么失败的逃离者。

我们偶尔都会被生活打败，溃不成军。

也许是感情上的失利。那个一路陪着我们的人，突然中途离场，让我们领略了爱的无常，黯然失意之后，茕茕一身。

也许是事业上的挫折。被炒鱿鱼，投资失败，老板故意刁难，从厌倦已久的职位跳槽，我们一直孜孜以求的目标突然消失了，只剩下迷茫和无助，找不到继续前行的方向。

这时候，我们往往觉得天崩地裂，除了原地打转，似乎别无选择。我们背负着过去的伤害和阴影，小心翼翼地匍匐，就像一只脆弱的蜗牛，一有风吹草动，就草木皆兵地缩回壳子里。

Ada一直独身，尽管她遇到过不错的追求者，但她始终不敢迈出那一步。她说："我生不了孩子，怎么组建一个家庭？"

因为工作的关系，Ada认识了老郑。老郑是个单身爸爸，妻子过世多年，他独自抚养两个孩子。

老郑很喜欢Ada的聪明可人、善解人意，他开始追求Ada。本来这是一件很好的事，他成功稳重，也有自己的孩子，她不用担心自己的不孕，也不用担心婚后的生活，但她对婚姻已经恐惧。

"为什么不给我一次机会呢？"老郑问她，"我兜兜转转这么多年，才遇到一个你，我有孩子，不在乎你能不能生。我有经济能力，完全可以照顾好你和我的孩子，以及我们的孩子，如果我们有幸能有，或者你愿意领养一个也可以。"

是啊，为什么不给他一个机会，也给自己一个机会呢？我劝Ada。

现在，Ada和老郑早已结婚，并且在婚后不到一年，Ada就怀孕了，因为是试管婴儿，所以怀的还是双胎，多么幸福。

我们一生那么长，长得看不到尽头，摔几次跤，栽几个跟头，那算什么呢？哪怕是走错了，你再试试，拐个角，说不定自己就走出了一条新的路。

可惜太多的人困在了当下，原地打转，畏葸不前。我们害怕了，对明天怀着杯弓蛇影的猜忌，所以迟迟迈不开步子。

当时过不去的坎儿，事后再想想，其实并没有那么难。

高考落榜了，没有考上心心念念的清华北大，那我们可以退而求其次，选择一个离家近的大学，多一些和家人相处的机会；也可以选择一个专业好的学校，满足自己的兴趣爱好，提升能力；还可以选择继续考研或者出国读硕，为自己确立一个更高更好的目标。

应聘落选了，没有进入那家理想中的广告公司，但我们还有其他选择，说不定另有一番天地。

腿脚受了伤，不能再跳舞，那我们可以学唱歌、钢琴、吉他，谁能确定我们学不好呢？

生活就是这样，总会给我们一些难题，一些猝不及防的意外，但往往又会给我们指出另一条小径，通往另一番天地，尽管它不符合我们的预设。

我们总盯着眼下的关卡，就像一心要找到桃花源的武陵人，找不到路了，只能空手而返。其实沿途未必没有好风景，转个弯，也许就到了一个新的桃花源。

29. 请远离怨妇

"我真受不了，我们老板就是个变态，一言不合就要我改方案，我都前前后后改了快十次了！"

"你不知道我隔壁的室友有多贱，每天晚上都熬夜，吵得人睡不着。"

"连我们班的那谁都要结婚了，听说她老公还挺有钱的。唉，你看我男朋友，每个月就那点儿工资。"

认识李可的人都知道，她最常做的事情就是抱怨。渐渐地，每个朋友都成了她的情绪垃圾桶，见面便吐苦水。一次两次，三番五次，终于，朋友们开始疏远她。

在她又一次向男朋友抱怨"附近的外卖太难吃了，又有地沟油，还不健康"时，男朋友毫不犹豫地反驳："那你自己做饭啊！"

李可愣了一下，竟然被堵得说不出话。

是啊，你为什么会有那么多的埋怨？你埋怨老板让你一次又一次修改方案，为什么你没有反思过，这是因为你能力不足？你埋怨男朋友工资少、能力低，为什么你不想想他的温柔、体贴和任劳任怨？你埋怨外面的东西不健康，为什么你不学会自己做饭呢？

每个怨妇其实都是胆小鬼。她们没有勇气反抗生活带来的负荷，却又不甘心默默忍受，于是哭天喊地，将自己的委屈无限放大，希望博得别人的同情，靠着别人的安慰来打气；她们也希望招来别人的帮助，靠着别人的力量来解决问题，而她们想的是坐享其成。

作为李可的朋友，言笑截然不同。

她同样有个挑剔的上司，吹毛求疵，当着众人的面，毫不留情地责骂女下属。言笑同样喜欢向朋友诉苦，但她说的是："幸好我脸皮厚，经得住骂。"

她同样有个不省心的合租室友，三天两头让男朋友留宿。言笑同样在朋友面前嘀咕，但她说的是："我故意告诉她，房东问过我几次，她是不是带人回来过夜了？当初签合同的时候，房东就强调过她不愿意租给老带男朋友回家的女孩。"

她同样有个条件一般的男朋友，拿着不高不低的薪水，别的姑娘都在朋友圈晒整套YSL，她只能羡慕地点个赞。言笑同样没少抱怨："我男朋友那点儿工资，别说口红，就连玫瑰都没买。不过他还记得请我吃大餐，值得表扬。"

同样的事情，换个心境，是完全不同的结果，而没有人会喜欢一个负能量满满的怨妇。

但事实上，很多姑娘都有一个怨妇朋友。

她或许刚刚失恋了，哭得梨花带雨，向你诉苦，向你抱怨那个渣男，你多半会义愤填膺，帮着她口诛笔伐。可是她接下来一个月、两个月，都会沉浸在这种要死要活的情绪里。好不容易熬过了，等她翻过这一篇，你发现她依然还是怨气冲天，抱怨男人都不是好东西，抱怨前任辜负她，抱怨你的男友可能也不靠谱。

她或许刚被炒了鱿鱼，愤愤不平，认为老板是欺负她没有背景，拣软柿子捏，你多半会心疼她的遭遇职场黑幕，陪着她，安慰她。可是她似乎在工作上总是不顺心，今天跳槽，明天离职，后天又嚷嚷着创业。她一次次地向你抱怨老板太苛刻，抱怨同事太冷漠，抱怨工资太低，抱怨自己运气不好。

她或许已经结婚，还嫁得不错，但她和老公总是吵架，你多半会充当知心姐姐的角色，听她诉苦，给她建议。可是她动不动就吵架，动不动就找你，不分时间和地点，你被迫听她一次次地抱怨丈夫不体贴，抱怨婆婆太难伺候，抱怨家务活儿太重，抱怨自己没有自由。

遇到这种怨妇，你真的应该敬而远之。

我自己的工作已经够累了，为什么还要听那些钩心斗角的戏码？我的日子也是鸡飞狗跳，为什么还要去管别人家的鸡毛蒜皮？我也装着一肚子的委屈，为什么还要接受你的牢骚？

更要命的是，那些怨妇就像冰箱里的牛奶，不知不觉过了期，我们并没有察觉，但慢慢地总能发觉变了味道。

那些满口抱怨的人，或许还会给你的生活带来戾气。

当你遇到难缠的邻居，你想到的不是解决，而是学着怨妇们，习惯性地张嘴抱怨，逢人就数落对方。久而久之，旁人只会觉得你刻薄。

当你遇到负心的渣男，你想到的不是走出过去，而是学着怨妇们，以泪洗面，暴饮暴食，每天活在咒骂和阴郁里。

当你遇到不幸的挫折，你想到的不是反思，而是学着怨妇们，怪自己运气不好，怪旁人不配合，甚至怪所有人势利。

每个怨妇都常常顶着一张阴郁而沮丧的脸，在她们面前，你不好意思放声大笑，甚至不敢露出太欢喜的表情。你小心翼翼地收敛着，而你的善意并没有得到回报，她们只想将你拉到队伍里去。千万别靠近，你要做的是推开那些阴翳，走到阳光底下，吸收正能量，保持自己的积极和有趣。

30. 学会投资自己

要怎么样，才能遇见更好的自己？

不停地历练，不停地向前走，不停地投资自己。

斐斐和明宋是大学同学，毕业后，进了同一家公司，拿着差不多的薪水。

斐斐是个得过且过的人，享受今天，从来不考虑第二天的事，更别提升职、加薪。下了班，她热衷于逛街、吃饭、看电影，心思几乎都用在玩乐上；上班时，她也是当一天和尚撞一天钟，偶尔被老板苦口婆心地训斥，她也会燃起熊熊斗志，订下各种计划，但转过身，她就忘了。

和她相比，明宋的生活更忙碌，也更有规划，她的工资几乎花在了各种培训上：英语、计算机、软件、设计等。不得不说，付出总是会有回报的，她花出去的工资，变成各种能力，最后为她带来更高的工资，哪个老板不喜欢精益求精的员工呢？

　　尽管斐斐和明宋的起点差不多，但慢慢地，她们的差距变得越来越大：一个是依然混日子的小科员，年岁渐长，随时有被炒鱿鱼的风险；一个是"白骨精"，已经取代了原先的分部主管，很快就要走上另一个职场巅峰。

　　你看，时间是良药，也是毒药。如果是一坛酒，那它会越来越芬芳甘醇；如果是一碗汤，那它会变质变坏。聪明的女人就应该像明宋，学会投资自己，哪怕是最平凡的清水，也要酿成美酒。

　　除了投资自己的大脑，明宋还特别留心投资自己的形象。

　　斐斐曾经在下楼扔垃圾时，遇到了一个同小区的帅哥，她试着去搭讪，对方尴尬地离开了。第二天，她在上班的公交车上又遇到了他，这一次，他主动打招呼，热切地问道："你住在哪儿？我们是不是见过？"

　　形象是最低成本的沟通。斐斐是个宅女，总是不修边幅，出门也不讲究，怎么舒服怎么来，衣服都是以棉麻、大T恤衫居多，只有上班时才稍微收拾自己，扎个马尾，换身白衬衣。

　　明宋批评过好几次，她自己在打扮上是很用心的，光是白衬衣就有立领的、荷叶边的、泡泡袖的、系带的、暗纹的等等。大到外套、鞋子，小到手表、胸针，她都精心地挑选，在外人看来，她始终是个精致而优雅的女人。

公司每次有酒会或宴会，明宋都是一道引人注目的风景。不仅如此，她还经常代替老板出席各种场合，有能力，也有魅力。

形象和内在同等重要，也需要同等出色，如果说后者是通关密码，那前者就是通行证。女人尤其要重视形象投资，有句俗话说得好："你用吃饭的钱来穿衣打扮，总会有人来请你吃饭的。"

可以说，斐斐和明宋过着两种截然不同的生活，前者是闲适而安逸的，走一步看一步，就像随波逐流的小舟，对风险的预测和抵抗能力几乎为零；后者则是井井有条的，想得多，也看得远，三思而后行，更像一盘运筹帷幄的棋，步步留有后着。

不管是对个人形象的投资，还是对大脑的投资，那都是一个厚积薄发的过程，可能三五年没有区别，但时间会证明一切。我们会将自己打造成更好、更优秀的人，会在机遇降临的第一时间抓住它，会从容地应对前路上的难题。

如果等到了海边，我们才想着学游泳，那已经迟了；如果螃蟹送到面前，我们才想着学怎么用八大件，那螃蟹早就被人抢光了；如果遇到喜欢的人，我们才想着减肥、瘦身、化妆，那很可能就会错过男神。所以，我们要早早地学会投资自己，让自己增值，才会与接下来的美好不期而遇。

31. 温柔是最好的铠甲

谢小安是个真正的女汉子。

作为宿舍里唯一单身的姑娘，谢小安是有原因的。

同系的师兄上门来修电脑，室友满眼冒星星，乖巧地在一旁围观，适时地端茶倒水；她呢，义正词严地拒绝了师兄的好意，一个人咋咋呼呼地忙碌着，等修好了，还不忘得意地向人家挑衅："怎么样，我技术不比你差吧？"

寒假坐火车回家，室友笑意晏晏地请求男生搬行李箱。她呢，豪爽地拍着胸口："我能行。"她一个人拎着行李袋，踩在座位上，举过头顶，活像个女大力士。

集体出游时，其他的小伙伴都穿着连衣裙，长发飘飘的，忙着拍照。她呢，标准的牛仔裤加运动鞋，扛着相机和三脚架到处跑，还不忘吆喝："有哪位美女需要拍照吗？"

谢小安不但外表像汉子，内心也像汉子。

她参加校运动会时，在800米长跑中摔了一跤，大家都以为她会哭哭啼啼地退场。结果她不仅没哭，还爬起来继续跑，也不顾鲜血淋漓的膝盖，最后竟然超过了他们班的男生。

她高考时赶上了生病，没发挥好，成绩出来，好多同学和老师纷纷安慰她。她有些遗憾，也有些伤心，但并没有低落消沉，反而安慰同学和老师："没关系，我以后再考研。"

大学毕业时，她男友劈腿一个小学妹，不仅甩了她，背后还没少编排：没有女人味，性格太硬，不会撒娇，无趣，假小子。

那是谢小安的初恋，她还是难过的，晚上和室友去吃烤串，一个人干掉了十瓶啤酒，一滴眼泪都没有流，被室友拉来作陪的学长看得目瞪口呆，原先准备了一肚子的安慰话，结果都没有派上用场。

回去后，室友就义正词严地数落她："哪有像你这样的？就不能服个软，撒个娇，卖个萌？我特意给你挑的帅哥，你倒是给人家一个机会啊！你这金刚不坏的样子，人家也没法把肩膀借给你啊！"

谢小安越听越难受，她男朋友可不就是嫌弃她不温柔？她既委屈又不解，她就是石头似的性格，怎么做个弱不禁风的林妹妹？难道女孩子就一定要娇滴滴的吗？

当然不是，每个姑娘都有各自的好，就像百花都有各自的香，谁也不能勉强它们更改各自的特性，否则，千人一面，万花同香，那也太无趣了。

不过，温柔的确是每个姑娘最好的面具，也是最好的铠甲。

当你无助的时候，至少能有一双手，因为怜香惜玉，拉你一把，而不是留你独自挣扎；当你淋雨的时候，至少会有一把伞，因为于心不忍，陪你走一程，总好过你泪水和雨水一起流；当你头破血流的时候，至少会有一个肩膀，因为心生怜悯，给你倚靠一下，至少比你一个人舐血疗伤好。

因为女汉子的形象，谢小安就从来没有体会过这种待遇。

她有痛经的毛病，但她一向忍着不吭声，所以即使在那几天特殊的日子，公司也经常安排她出差。但她的同事就不一样了，小脸惨白，娇滴滴地跟大家诉苦，大家都热心地帮着冲泡红糖姜茶，有什么重活儿，也都抢着干了。

这世界就是这么现实，大家普遍更愿意为温柔买单，而不是强悍。但再强悍的姑娘，也是感性动物，容易被外界触动或伤害，这时候，她们只能自己安慰自己。比如谢小安，尽管她不声不响，但那伤害是实实在在的，她的强撑却让别人退步，无形中拒绝了别人的帮忙。

想想看，是一株荆棘满身的玫瑰让人怜惜，还是一株迎风低头的水莲花让人心软？既然过刚易折，何妨披一张温柔的皮囊呢？

婉婉是个讨人喜欢的姑娘，人如其名，她婉约如水，性格文静，言谈举止都透着优雅。谁不喜欢这样的温柔呢？笑起来像柔美的水仙，哭起来像带雨的梨花，怎么看都惹人怜爱，别说男人，就是女人也愿意和她相处，如沐春风。

毫不避讳地说，婉婉的确因此收获了不少。

她的职业是小学老师，常常要和各类家长打交道，她不管什么时候都是娇娇柔柔的，又好说话，家长们都格外偏爱，她从来就没有收到过投诉。

她每次去菜市场，那些大叔大婶都会热情地打招呼，给她早早留出了新鲜的蔬菜。

她工作忙，小区的邻居便格外关照她，帮忙照顾宠物，顺手收拾垃圾……

但婉婉绝不是一个软弱的姑娘，她怀孕时，老公出轨了，她咬着牙离了婚。老公劝她把孩子流掉，她不肯，决意要生下来，独自抚养。为了不让年迈的父母担心，她谁也没告诉，搬出那个曾经的家，一个人租房住；为了给孩子多挣点奶粉钱，她没有辞职，九个月时还挺着肚子上班；为了避开流言飞蜚语，她生产时也没有回老家，自己在北京生产，只有一个闺密陪着。

如今，她一个人带着孩子，机灵可爱，朋友见了都会夸赞，但他们并不知道，她曾经有过那么艰难辛酸的时候，全靠她自己撑了过来。

这大概是女人的最高境界，外表是一汪安静的水，内里却是坚硬的冰，该柔时柔，该硬时硬。

温柔用来获取外界的善意，强硬用来抵御生活的跌宕和苦难。

或许，每个姑娘都应该再温柔一点，不是让你放弃骨子里的刚硬，而是让你戴上一个楚楚动人的面具。既然风雨免不了，既然伤害免不了，那至少可以将它降到最低，让那一层温柔，护你一程。

32. 对不起，我要赢

在小学的一次运动会上，芒果被选出来，作为代表和其他班上的人进行跳远比赛。

她知道前三名会有奖状，第一名还会有小红旗。她虽然是小孩子，还没那么看重输赢，但也知道大家都想要小红旗，她也想要。

比赛前，老师宽慰她"重在参与"，她懵懂地点点头。

那次，她没有发挥好，只拿了第四名。比赛结束以后，排名在前三的小伙伴被领到了颁奖台，大家热烈地鼓掌、拍照，芒果一个人孤零零地站在原地，她看到同班同学脸上的遗憾和羡慕，心里涌上一股羞愧。

"因为我没有拿到奖，所以大家根本不关心我，也根本不会留意我的班级，其实我们明明也付出了很大的努力。"

原来努力是没有用的，除非你把它转化为成果。

就是那一次跳远，在芒果心里深深地埋下了一个信念：我要赢，这样才对得起我付出的努力。

谁说结果不重要呢？成王败寇，你要是赢了，以前的那些狼狈才会被说成是励志，那些失意才会被说成是考验，那些不被理解的孤独才会被说成是自我的修炼。所有人都来捧场，有人说，"我早就知道，她肯定能行的"；有人说，"她是我见过最努力的姑娘"；有人说，"她会成功是必然"。

他们说的每个字都是真的。可是如果你输了，这些辛酸永远都不会被关注。即使偶尔被人提起，也一定会有声音嗤笑："失败者还为自己找各种理由？"

难道输了的那个人，她就没有日复一日地准备和练习吗？她就没有拼尽全力吗？她就没有遭过白眼、受过打击、淋过风雨吗？她只是输了而已，所以那整个的过程都没有了意义。

只有赢了的人，才有说话的底气。

也许有人会说，享受当下的过程就好了，但你真的能够不计较付出与回报，永远走在一条达不到终点的路上吗？

芒果后来喜欢上一个学长，那是个让人仰望的学霸，长得好，性格温和，爱打篮球，还写得一手毛笔字。他是有女朋友的，一个青梅竹马的姑娘，同样优秀。

她一直暗恋他，看着他出国留学，看着他读博，看着他回国，看着他自己创业，再看着他和女友渐行渐远。她和他保持着联系，不热络，也不疏离，以一个贴心小学妹的角色默默存在。

当他的公司需要人手时，芒果毫不犹豫地辞了职。在熬过起初的步履维艰后，在日复一日的陪伴以后，她终于打动了他，赢得了这个所有人眼中的男神。

他们的婚礼几乎请来了所有的旧日同学。

她笑着聊起从前的那些小心思，他既惊讶又感动，而大家无不交口称赞他们郎才女貌、天作之合，甚至说出"我早就知道你们会在一起"的话。

怎么会呢？芒果心知肚明地暗笑。读书的时候，他是光芒万丈的太阳，而她只是不起眼的小苗，每天仰慕着他，靠近着他，却从来没有妄想自己会得到他，更别提旁人了。他们大概压根儿不会把这两人联系在一起，他那时候身边已经有月亮作陪了。

可是那又怎样呢？最后是她得到了这个优秀的男人，所以那些癞蛤蟆想吃天鹅肉的念头，也可以光明正大地拿出来说了，即使那段暗恋史并不怎么美好，现在也成了佳话。因为她赢了，不怕别人嘲笑她痴心妄想。

有多少事都是这样，看结果说话。

你熬通宵，辛辛苦苦赶出了策划方案，为此受了凉，发了高烧。但是你在比稿中输给了对手，大家对她的每个设计系列都有兴趣，却不会有兴趣来对你嘘寒问暖。

你复习了很久，也准备了很久，就为了迎接那场重要的考试。但是你的排名还是输给了别人，最后大家都追着她分享学习秘诀，却忘了你也是个货真价实的学霸。

你每一部戏都很努力，有票房，有口碑，你以为那个奖杯会是你的。坐在领奖台下面，你甚至已经草拟好发言讲稿，但是你输给那个竞争对手，她意气风发地走上台，所有的镁光灯和焦点都跟了过去。

你和那个男人深爱过，当初金童玉女，如今分道扬镳。你参加他的婚礼，所有人都称赞着那个她有眼光，有福气。

你看，就是这么现实。当你赢了比赛，打败了对手，争到了第一，处在焦点之中，你会发现世界会变得温柔很多。大家赞美你的每一次付出，鼓励你的不如意，怜惜你的伤痛；相应地，你可以肆无忌惮地吐苦水，因为有人买账。可是当你输了，名落孙山，在镁光灯的暗处，你过去所有的时间都付诸东流，变得毫无意义。

在每一件成功案例的背后，谁又知道它藏了多少的失败者。她们是被踩在脚下的，是同样流过血泪的，是只能强颜欢笑地说"我享受这个过程就够了"的。

真的够了吗？不，这话是留给那个成功者说的。只有赢了的人，才可以云淡风轻地说"我不在乎结果"，这是一种赤裸裸的炫耀。如果是输了的人，说得再诚恳，那也是一种辛酸的自我安慰，自己不信，别人也不信，还会有吃不到葡萄说葡萄酸的嫌疑。

这就像马云可以毫不脸红心跳地说："如果可以，我不会再成立阿里巴巴，我只想随便做点生意，没想到它做这么大，让我失去了很多生活的乐趣。"

好笑吗？荒谬吗？可是他有说这话的自信和资格，天知道，那些被阿里巴巴压制的小企业家有多么辛酸和无奈。他们难道不会大放厥词吗？"做点小生意挺好的，还能停下来看看生活的风景"；"我有时间来多陪家人了"；"我不是把它当成事业，而是当成兴趣经营"……但是你信吗？

既然都以成败论英雄，那我就要赢。

别说什么我努力了，努力的人太多了，你的努力一文不值，小巫见大巫。

别说什么享受过程，过程就像解题步骤，大家要的是答案。

别说什么虽败犹荣，输了就是输了，没有人会记得给淘汰者鲜花和掌声。

33. 你的男人，就是你的名片

怎样看透一个女人的本质？是脸蛋、衣服、鞋子、还是香水、饮食和起居？

都说一个男人的品位要看他的女伴，反之亦然，女人最真实的品位，往往投射在她选择的那个男人身上。

第一次遇到漫漫时，是在一次公益支教的活动中。她几乎惊艳了所有人，安静如水，长发披肩，脸上总是挂着浅浅的笑，哪怕穿着最简单的棉布裙，也女神范儿十足。

接触之后，大家更喜欢她了。漫漫简直是完美的化身，她会弹吉他，下了课就和小朋友玩在一起；她会织毛衣，山村的冬天冷，她就自己掏钱，买了很多毛线，给小朋友们织围巾和手套；她会做饭，我们都不喜欢学校食堂的饭菜，她就自己下厨，即使是最简单的食材，做起来也是色香味俱全；她还会教小朋友画画，我们看过她的画，画得很好，不输给那些沽名钓誉的艺术家。

同来的姑娘冬耳总是说："这是真女神，我简直挑不出一丝毛病。"

没多久，漫漫的男友来看她，我们总算见到了那传说中的青年才俊。他瘦而高，眉目清俊，穿着一件暗色的毛衣，看着很普通，袖口却有个不起眼的logo。和漫漫的温婉不同，他眉宇间有点挥之不去的忧郁，这或许是文艺青年的通病吧。

一起吃饭时，我们注意到一个细节，漫漫的男友和旁人聊着天，眼看他饭碗空了，漫漫第一时间给他盛了饭，重新放到他面前，而对方头也没回，继续聊着天。

漫漫似乎也不介意，在接下来的时间，她的注意力一直落在男友身上：酒杯空了，立刻续上；汤凉了，重新盛一碗；有新炒的菜端来，她第一时间给他夹上。

这些事她做起来熟稔而自然。

事后，冬耳和我们嘀咕："真是看不出来，原来漫漫还是个贤妻良母。"更让我们惊讶的是，漫漫的男友似乎性格有点急躁，他来的第二天，竟然和小朋友吵了起来，险些打了对方，据说是他创作的时候被吵得心烦。事后，漫漫出面道了歉，看得出她确实很内疚，眼眶红红的，一副犯了大错的模样。

我们隐隐有些担忧了，这样看来，漫漫的性格似乎很有问题。她容忍男友不定期的暴躁，无微不至地照顾他的起居，习惯了他的忽视，还无怨无悔地为他的错误买单，这简直就是一个圣母了。

"要我说，她肯定是太软弱了，而且我怀疑她有点抑郁症。"冬耳分析道，"你看她那么温温柔柔的，好像挺想得开。你没发现她男朋友性格很阴郁吗？说话也挺悲观的，他们能谈这么久，说明她至少没有外表这么豁达，有什么事都忍着呢。"

支教活动结束后，大家的联系渐渐淡了，直到有一天，忽然传来漫漫自杀的消息。原因是在她几次原谅男友的出轨后，他还是提出了分手，她当即吃了安眠药，她的父母这时才知道她一直有抑郁症，已经失眠很多年了。

冬耳聊起这些的时候，正好是带着男友来见我。

"看她那个男朋友，我就有点担心了。"

的确，很多东西都可以掩饰，一支口红就可以伪装出一个女人的好气色，可是有些细节总会戳穿谎言的。比如她的伴侣，她无法改变伴侣身上的那些特质，和她相近。

要想认识一个女人，就从她身边的男人开始。

冬耳的男友是个博士生，还没毕业，书生气重，性格直爽，有几次说错话了，冬耳也不拦着，反而笑嘻嘻地打趣。吃完饭，他抢着去付账，她早就把钱包递了过去。

从这个男人身上，至少可以看出冬耳的直爽，她有什么话不会藏着掖着，所以她并不劝男友圆滑点；她也大方，不是那种舍不得掏钱，又埋怨男友不给自己长面子的人。

在很大程度上，她的男友就是这样的人，我不敢说冬耳一定和他三观吻合，但肯定是相近的。也有可能她是个谨慎的、小气的人，但她爱他，为他妥协，并且目前相处和睦，那说明她至少是被直爽的、大方的特质吸引着，愿意改变，让自己成为那样的人。

男人就像一面照妖镜，会让你看到镜子的主人是什么样的。

那个口口声声说着"真爱至上"的姑娘，喜欢读书，喜欢旅行，喜欢插花和泡茶，想要找一个有趣的灵魂，拒绝了一个又一个凡夫俗子。直到有一天，她带着男朋友露面，对方是个五六十岁的商人，大腹便便，她依然像从前那样聊王尔德、尼采、柏拉图，他自顾自喝着酒，我想这时候没有人会再觉得她文艺。

那个天真烂漫的姑娘，单纯善良，富有同情心，每次看到路边的乞丐，总会拿出一些零钱。直到有一天，她带着男友参加同学会，那个英俊的男孩不耐烦地催促服务员倒酒，在不小心洒到他身上时，他怒气冲冲地踹了对方，并且坚持要让经理开除员工，她在一旁面不改色地看着，我想你一定会对她改观。

那个每天嚷着要嫁有钱人，要当全职太太的姑娘，喜欢买奢侈品，喜欢炫富。直到有一天她结婚了，大家才见到她的男友，那是一个年轻的小鲜肉，青涩懵懂，手足无措，除了脸蛋，几乎没什么优点，而整场豪华的婚礼都是由她自己买单的，我想大家都会清除她"拜金"的标签。

通过男人来认识女人，这永远是个有效的方法。虽然她们死守严防，如同一座华丽的城，但是她的男人就如同那只木马，是你破城的机遇，你会一举识破她的布局与花招。

他的虚荣映射着她的不靠谱，他的粗鲁证明着她的暴躁，他的不思进取也说明了她得过且过。

男人就是女人最好的名片。它甚至不需要那个女人开口，任何天花乱坠或文过饰非的言语，都比不上那个男人的举手投足，那是最真实的自我介绍，简洁明了。

下次遇到一个姑娘，别再盯着她的包包、她的鞋、她的眼睛，去看看她为自己选的男朋友，那是她的阿喀琉斯之踵。

34. 始知伶俐不如痴

阿纯第一次听到这句话，是在入学考试的现场，她和其他几百个学生一起，接受表演老师们的考核。

那是个普普通通的艺校，阿纯是个毫不起眼的学生。她的表演中规中矩，没什么亮点，尤其是和排在她前面的孟一相比。

孟一是真的适合镜头，她的喜怒哀乐无不生动，能演活每个角色。当她表演完，所有评委老师都惊叹不已，称赞"这是天生要吃电影饭的"。

她毫无疑问地拿到了全场最高分，神色骄傲，就像一只美丽的白天鹅。相比之下，阿纯勉勉强强才过了及格线。

大家都有些挫败，评委老师看在眼里，安慰她们："有天赋是好事，但只靠天赋是不可能的。伶俐不如痴，勤快能补拙，你们要记得。"

事实证明，老师的这番话真是一锅心灵鸡汤，时间将她们打造成了各自没想过的模样。

孟一一路遥遥领先于她的同学，入学没多久，她就接到了广告邀约，而后顺理成章地开始拍电视剧。而阿纯只能和很多资质普通的学生一样，老老实实地待在学校上课。

阿纯毕业的时候，孟一已经是有名的小花旦了，主演过好几部电视剧。她呢，从N线女配角做起，灰头土脸，吃苦耐劳。

她长得还不错，瘦瘦高高，什么衣服穿在身上都有股范儿，有时尚杂志来找她，想签她当模特，她没答应。她说："我就想当演员，别的都不考虑。"

她什么戏都接，不管角色的大小，只要能演戏，只要能接触好团队，她连龙套也跑。

她一个女孩子，跟着剧组上山下乡，即使拍危险戏，都是亲自上阵的，伤到哪儿了，也从不中途喊卡。

她真正做到了老师说的，"一心一意干一件事"。

在孟一跨行当主持人时，阿纯终于等来了人生中的第一个女主角。她戏好，人又勤恳，戏约慢慢多了起来。

在孟一参加各种真人秀活动时，阿纯开始在大制作电影里露脸。

在孟一自拍自导的电影上线时，阿纯已经是业内的票房保障，频频亮相于各种颁奖典礼。

阿纯30岁生日那天，捧回了一座影后的奖杯。孟一就坐在台下，两人遥遥相望，心里都有点百感交集。

这些年，阿纯越走越稳，圈子里提起她，都称赞一声"实力演员"。孟一反倒渐渐偃旗息鼓了，原先灵气逼人的小花旦改了行，当过主持人，做过导演，混过综艺圈，人气倒也不低，却一部代表作都拿不出来。

阿纯的获奖感言让很多人感动不已："我知道我笨，没有天赋，但我一心一意干一件事，总会干好的。"

生活对每个人不都是公平的，有人聪明，有人漂亮，有人深谋远虑，有人过目不忘。很多时候，你在起跑线上已经慢了，对方遥遥领先。但你不一定输，就像赛跑的兔子和乌龟，一个天生腿快，一个慢慢吞吞，可是前者拿着优势挥霍，后者却心无旁骛地追赶。

天分和能力当然重要，如果没有，那就靠勤奋和执着来弥补。

你见过水滴石穿吗？论起锋利，什么比得过铁剑铜刃？可再锋利的铁剑铜刃，也不见得一下穿透岩石。而孱弱的雨水顺着屋檐往下，一滴两滴，一年两年，用天长日久的毅力，将地面的青石板砸出浅浅的小洞。

生活就是一次漫长的水滴石穿。

你读书时，身边一定会有这样的同学：他们勤奋好学，每天起得比谁都早，睡得比谁都晚，埋头在试卷和书堆里，连上厕所都要拿着一本单词书。比起那些轻轻松松就拿高分的尖子生，他们显得格外蠢笨，得不偿失，就像辛辛苦苦忙碌了一整年的蚂蚁，储备的粮食还不如松鼠一时性起而采摘的果子。但他们依然努力，从来不参加聚会，从来不上体育课，从来不唱歌，从来不上网打游戏，一心一意地冲刺高考。最后，往往是这些学生考得最稳妥，不高也不低，但足够进一所心仪的学校，反而是有些天之骄子会落榜，与预期的顶级学府失之交臂。

你上班时，身边一定会有这样的同事：明明是一次就能搞定的报告，他们总是被勒令修改一次、两次、三次；明明是当天就能完成的任务，他们总是手忙脚乱，别人都下班了，他们不得不留下来加班；明明是不怎么棘手的客户，别人三言两语就能沟通好的矛盾，却弄得他们焦头烂额。但他们比谁都努力，盯着那块硬骨头，一直啃，丝毫不敢放松。为了达到别人的水准，他们不惜花比别人多几倍的时间和精力。这有什么关系呢？老板只看成果，不问过程，他们的勤恳甚至还会被当成美德。

　　你生活中，肯定会有这样的朋友：他们长得不算好看，普通的脸，普通的身材，普通的打扮，走在人群里，似乎随时都会被湮没。但他们一直致力于变美这件事，他们有计划地瘦身，定期长跑，吃营养餐，学会化妆，那些天生丽质的姑娘披个麻袋也好看，而他们却要付出更多的心思来穿衣打扮，提升气质。最后，他们也成了一道风景线，走在大街上，频频有人回头。

　　是的，他们不聪明、不伶俐、不漂亮，但他们没有过得比谁差。别人仗着天赋，仗着得天独厚的优势，而他们靠的是自己的努力和不放弃。尽管他们原本处在劣势，但是勤恳、执着和数年如一日的专注，让他们扭转了局面。

　　事在人为，这是个很有力量的词。那些先天不足的事，我们可以后天努力；那些相形见绌的事，我们可以奋起直追；那些德薄才鲜的事，我们可以取长补短。

　　即使你没有别人伶俐，没有别人聪明，没有别人的天赋，那又怎样？士别三日，就可以让别人刮目相看，只要你一心一意，盯着一件事，一定会有所成就的。

35. 要讲究，别将就

我认识庄庄的过程有些喜剧色彩。

我们在同一家超市里购物，她要买马桶垫，只是个不起眼的小东西，她前前后后挑了十来分钟。

颜色、材质、图案、触感、防水性……我在一旁听得直冒汗：怎么会有人这么讲究呢？就在售货员即将失去耐心时，她终于做了决定。我忍不住好奇地问了一句："只是一块马桶垫而已，用不了多久就会换新，其实没有必要这么费心的。"

庄庄振振有词："该讲究的时候绝不能将就。"

马桶垫看起来微不足道，甚至可有可无，但对她来说却影响着生活质量。

她喜欢在早上蹲马桶的时候刷刷朋友圈，看看新闻，时间相对比较长。所以，如果马桶垫不够柔软，不够舒适，那是非常糟糕的，可能会影响她整个上午的心情。

现在是冬天，如果马桶垫不防水，很容易被花洒淋到，湿漉漉的，既不舒服，又不卫生。她需要时时更换，一方面耗费东西，另一方面多了许多麻烦。

她家的卫生间装饰简约，颜色淡雅，太花哨的马桶垫会格格不入，处女座的她完全不能容忍。

"你看，不是我要瞎讲究，这马桶垫已经关系到我能不能正常地使用卫生间了。"庄庄无奈地解释道，"有的东西一定要讲究。"

她的话猛然听起来有些突兀，仔细想想，却很有道理。

如果我们是一个注重养生的人，那一定会对食物特别讲究：油太重的不能吃，辛辣的不能吃，生冷的不能吃，烟熏火燎的不能吃……或许在旁人眼里，吃饭是再平常不过的小事，馒头、面条、米饭随机选择，忙起来的时候，直接一杯黑咖啡加面包了事，反正凑合一下，能填饱肚子就行。但我们却不能凑合，养生的每一次用餐都是定时定量的，哪天补什么维生素，哪天喝什么汤，哪天吃什么果蔬，不能乱，也不能更改。麻辣烫加啤酒的套餐对我们来说就是垃圾，只有精心搭配过的各种营养膳食，才会是我们的选择。

如果我们是有颈椎病的人，那一定会对住的地方特别讲究，一张舒适的床是必备条件。或许旁人不能理解，睡哪里不是睡呢？为什么要花大价钱，买一张大床，里里外外都要换上蚕丝被？但我们却不能将就，睡不好就意味着头疼、精神不济、腰酸背痛、脊椎病加重等，后患无穷。

如果我们是模特，那一定会对身材特别讲究。别人吃肉的时候，我们不动筷子；别人涮火锅的时候，我们在一旁看着；别人吃牛排的时候，我们吃清水煮菜。不仅如此，我们还要坚持锻炼，从不间断。虽然说胖乎乎也很可爱，但我们却不能含糊，因为工作的关系，每胖上一斤，就意味着我们可能会失去一个走T台的机会。

这样看来，生活中是有很多事不能将就的，而要像庄庄那样，该讲究时就得讲究。

收到栗子的结婚请帖时，大家都惊讶不已。她曾经深爱过，又被深深伤害过，至今还没有走出来，怎么会突然决定结婚?

婚期前一个星期，又传来栗子逃婚的消息，这下，大家更惊讶了。栗子并不是冲动的人，温柔文静，怎么看都不像会上演这种狗血剧情的人。

事后，栗子向大家解释了事情的始末。在上段感情结束后，她一直单身，眼看着年纪越来越大，家里的催婚也越来越急。一方面，她拗不过爸妈；另一方面，她觉得自己确实该考虑结婚了，于是她开始和家里安排的对象相亲。

栗子是个浪漫到骨子里的姑娘，挑男友全看感觉，但感觉这东西太虚无缥缈，谁也说不准。她相了一个又一个，就没有遇到有感觉的。她妈苦口婆心地劝："这过日子不就那么回事？和谁过不是一样？找个条件好的，靠谱点的就行了。"

栗子想了又想，从相亲对象里挑了一个警察，忠厚可靠，工作安稳。既然注定要结婚，既然和谁都能过日子，那就挑个差不多的人将就一下吧，反正找不到那个合心合意的他。

她的选择似乎没有错。那个警察虽然没有她想要的温柔，但很有亲和力，几乎没有发脾气的时候；虽然没有她想要的风趣，但开朗外向，聊天时也是热热闹闹的；虽然没有她想要的浪漫，但人很体贴，说话做事都顾及她的感受……

但是，亲和毕竟不是温柔，开朗也不是风趣，体贴更不是浪漫，它们再相似，也无法取代。所以尽管栗子说服自己，这是个很好的男人，但他毕竟不是她想要的男人。

感情无法勉强，一场婚礼也无法将就。越靠近婚礼，栗子的心里就越清醒：这不是我想要的。

我们可以骗过很多人，但我们无法骗过自己，所以，在我们该讲究的时候，谁也不能劝说我们将就，因为会过不了自己那一关。

我们如果忠于感情，怎么说服自己去将就一个劈腿的男人？

我们如果向往自由，怎么说服自己去将就一段中规中矩的人生，老死在一座安安静静的小镇？

我们如果喜欢高跟鞋，怎么说服自己穿着晚礼服，去将就一双轻便的白球鞋？

那些东西不是不好，那些人不是不欣赏，那些事不是不可以，但那都不是我们必需的、想要的、预订的，那就是将就。

我们为什么要将就？为什么不听从自己的本心？为什么过得憋屈而不快乐？想爱的人，就大胆去爱；想追的人，就努力去追；想实现的梦想，就尽力去实现；想要的东西，就豁出去要；想吃的美食，就痛快地去吃。

讲究，是一种有态度的生活，而将就则是一种妥协。

讲究，是大无畏的勇气，而将就则是退而求其次的懦弱。

讲究，是坚持自我，而将就则是大众的人云亦云。

别将就，请讲究，那才是我们该有的样子，尽情了，尽兴了，尽力了。

36. 会撒娇的女人更好命

撒娇似乎是每个女人的本能。

先不说那些娇滴滴的软妹子，就是那些再像汉子的姑娘，当她面对自己亲近的人，她也会情不自禁地露出几分娇嗔。这是女人潜在的属性，是一种趋利避害的本能，是一种以柔克刚的态度。

同样的事情，会撒娇的女人，总是处理得更妥帖。

面对爸妈"你怎么还不结婚"的抱怨，很多姑娘烦不胜烦，她们可能冷着脸不说话，用沉默来对抗；可能气愤地吼一声："我这辈子都不结婚！"可能干脆搬出家，眼不见为净。那都是一场没有硝烟的家庭战争。但有的姑娘却嬉皮笑脸地跟爸妈打太极："我想结婚啊，可是你女儿这么棒，总不能随便嫁了吧？我要找个像爸爸这样的，得慢慢找嘛。"或者甜言蜜语地打亲情牌："明年再结吧，我还想多陪陪你们呢，我要是嫁人了，以后可是婆家的人了。妈，你舍得啊？现在就赶我走啊？"

面对商场里那件昂贵的连衣裙，你又蠢蠢欲动了，而你新买的裙子已经塞满了柜子，老公不赞同地说："这太贵了，你家里还有好多裙子没穿过呢。"有的姑娘可能立刻就翻脸了，怒气冲冲地嚷嚷："我就是要买！"有的姑娘可能强势地刷了卡，趾高气扬地说："我花我的工资，你管得着吗？"有的姑娘可能拉不下面子，恼羞成怒地抱怨："说来说去还不是你没本事？你看看人家老公，哪个不是给老婆买钻石、手表、名牌包？我让你买条裙子，你还叽叽歪歪！"那些处于上风或下风的争吵，都会埋下不和睦的因子。但有的姑娘却会挽着老公的手，不动声色地拍马屁："我就是想打扮得漂亮一点嘛，这样出去才不会丢你的脸，毕竟我老公这么帅。"或者以退为进地商量："我就是想要嘛，会想得睡不着觉的。我把它买下来，然后下个月每天啃馒头，好不好？"

面对朋友提出的请求，你没有精力，也没有时间，于是毫不客气地拒绝："你自己弄吧。"或者不满地质问："你没看到我也忙吗？干吗不找别人，偏要找我？"或者一口拒绝了，还不忘挖苦："你下次能不能别这样给我添乱？我都忙成这样了，你也好意思。"那些拒绝或多或少会影响情谊。但有的姑娘能把话说得委婉而动听："要不你把我劈成两半吧，一个去对付我的工作狂老板，一个去给你帮忙，我都快替你急死了。"

撒娇就是一味润滑剂，将剑拔弩张的局面缓一缓。

撒娇就是一颗糖，给对方一点甜，让沟通多一点轻松。

撒娇就是一次示弱，以退为进，以祥和化戾气。

连翘是个来自台湾的姑娘，说话软绵绵的，拖着一点娇俏的尾音，大家都说她很嗲。但她的人缘确实好，得了不少便利。

大家一起去露营，搭帐篷时，几个姑娘笨拙地忙活着。连翘全程围观了男士们搭帐篷，两眼冒星星，不遗余力地夸赞道："你们好厉害，人家笨手笨脚的，搭了半天都没搭好。"当男士们扬扬自得时，她笑嘻嘻地说："拜托你们啦，可不可以帮一下我们？人家都是女孩子，比较笨嘛。"于是，她不费吹灰之力，帮姑娘们解决掉了这种体力活儿。

她和男友计划去国外度假，对方要带上暑期闲在家的妹妹。连翘不想让二人世界被打扰，况且她和对方的关系一直不好，她没有直接反对男友的建议，而是缠着他，腻腻歪歪地说："下次带她好不好？要是你没时间，我陪她去嘛。这一次，人家就想跟你二人世界，人家就想每时每刻黏着你，要是让妹妹看到了，多不好啊，我会害羞的。"于是，她成功地避免了一次不愉快的旅行。

交往第三个月，连翘搬去了男友的公寓。同住的第一天，吃完饭，她对着水池里的碗筷皱眉，转身抱住了男友，娇里娇气地，说道："以后谁洗碗呀？我不想洗，要是手变糙了，你肯定就会嫌弃的，再也不牵我的手了。"于是，她轻松说服男友买了一台洗碗机。

你看，撒娇就是一门技术活，使用得当，会让你受用无穷。只是换种方式和态度而已，你再娇一点、软一点、柔一点，就是最好的助攻，好比剧情正紧张时潜入的背景音乐，有时不仅让男士们无法抵挡，连同性也会更怜惜。

有一次，我去连翘的住处找她，她热情地忙着泡茶。这时候，烧着水的电水壶突然砰砰作响，电路自动断了，它的底部和电线都烧了起来。

连翘眨巴着眼，楚楚可怜地看着我，说道："你能把火灭了吗？我好怕。"

我忍不住有种油然而生的保护欲：这个小姑娘太需要我了，她搞不定这种事。

这种情况下，撒娇比颐指气使的命令或惊慌失措的请求都管用。

我为什么要首当其冲地挡在危险前？我是客人，也是个柔弱的姑娘，我没有义务，同样没有能力去处理这些。只有当我察觉到你是更弱的一方，由衷地想要保护你，我才会挺身而出。

撒娇，让女人变得可爱而生动。她露出一直隐藏的软弱、娇俏、呆笨或小聪明，露出和平时不一样的面目，不知不觉地就让人卸下心防，答应她的请求，怜惜她的遭遇。

所以，一个撒娇的女人更容易向外界求助，也更容易将自己从困境中救出来。

也许有人会问："那不就是白莲花吗？我才不要做那样的妖艳贱货。"

学会撒娇，是学会一种刚柔并济的能力，不是让你一味卖惨，不是让你一味地哭哭啼啼。

学会撒娇，是学会有话好好说，不是让你矫情，嚷嚷着"不能吃兔兔"。

学会撒娇，是学会发挥女人的特长，不亏待自己，不委屈自己。

37. 吃亏要趁早

张爱玲曾经说过，出名要趁早。这话很对，如果有才华，还是年少成名更好，春风得意，早早地见了世面。要是等到七老八十，人生的三分之二都过去了，成了名也没什么意思，想想那些吃过的苦头和蹉跎的时间，只能心酸满腹。

其实，吃亏也得趁早。

趁着年轻，摸爬滚打，一路摔倒，才知道人生艰难，才能放下轻狂和不屑，才肯四平八稳地走接下来的路。

趁着年轻，栽几个跟头，流几回眼泪，留几处伤疤，都不要紧，还能尽快恢复，还能重新站起来。

趁着年轻，走了弯路，试了错，就知道自己真正要的是什么，追求的是什么，合适的又是什么。

嘉嘉是在蜜罐子里泡大的，在家里，她是掌上明珠，一直被父母宠着；进了学校，因为聪明乖巧，她和同学都相处得很好；毕业后，她留在学校当老师，同事间的关系也比较融洽。

她就像城堡里的小公主，无忧无虑地生活着，不知道人心险恶，也不懂得保护自己。

嘉嘉嫁给了青梅竹马的大哥哥，两年后，他出轨了，对象是她的朋友，而她刚生下宝宝。

她已经过了30岁的生日；为了专心照顾小孩，她刚刚辞了工作；家里的房子、车子、存款全部由她老公打理；年前，她爸爸因为生病过世了，妈妈特意搬来和她一起住……意外知道了老公的出轨，嘉嘉整个人都是蒙的。她的第一反应不是难过，而是惊慌和茫然，她对这一切束手无策。一个三十来岁的离婚女人，没有钱，没有房子，连娘家都没有了，她该何去何从？

嘉嘉这一路走得太顺遂了，爸妈宠着，老师护着，老公疼着，她压根儿不知道，原来生活是不容易的，她也从来没有想过，人心变得这么快。所以，当意外来临的时候，她不要说未雨绸缪了，火烧眉毛了，她没有任何应对的能力。

如果她能早点儿失恋一次，她就能知道男人并不可靠，不会百分百地信任老公；如果她能早点儿失业，早点儿经历找工作、换工作的波折，她就能知道工作有多重要，不会随随便便地选择当全职太太；如果她早点儿尝过没有钱的滋味，她就能知道女人必须经济独立；如果她早点儿遭遇朋友的反目和背叛，她就能知道区分真朋友和假朋友，而不是傻傻地让人从背后捅了一刀。

都说吃亏是福，就是盼着你能从吃亏中得到教训，所以要趁早，以后的路才好走。

芭乐是个成功的流行歌手。

因为自小就有一副好嗓子，她高中毕业后，直接被爸妈送到了音乐学院。没等大学读完，一家音乐公司就签了她，给她发行专辑，竟然卖得还不错。她就这么一路走了下来，开过几次个人演唱会，出过几张专辑，在音乐圈混得不好也不坏。

因为一次别有用心的造谣，芭乐被人指控抄袭，一时间她顶着流言蜚语，步履维艰。在经历了一段漫长的消沉之后，公司安排她出国，暂时躲避风头。在国外，芭乐接受了系统的音乐学习，当她第一次接触到作曲时，她觉得那才是她真正喜欢的事。

从那以后，芭乐就走上了作曲的路。别人都惋惜她早早地退了，以为她是吃了闷亏，不得不转行，但她却在心里庆幸：幸好早早地栽了这个跟头，让我及时看清了自己，要是再晚了，或许我也没有勇气和机会做自己。

不吃过亏，就不知道自己得到了什么，失去了什么，最想要的是什么，你可能浑浑噩噩活着，混混沌沌一生。

事实上，谁也不能避免吃亏，生活总会在前路设置一些陷阱和坎坷，叫我们吃点苦头，流点血泪。那是生活对我们的锻炼、戏弄与调教，也是最好的提示和警告，既然不能避免，那就趁早吧。

早点儿在钱财上吃亏，才能学会经济独立。

早点儿在人情上吃亏，才能学会游刃有余地和这个世界过招。

早点儿在感情上吃亏，才能学会放手和珍惜，远离渣男，寻找真爱。

早点儿在健康上吃亏，才能学会善待自己。

早点儿在事业上吃亏，才能学会审时度势，找到一条适合的方向和道路。

没有谁一辈子会顺风顺水，早点儿吃亏，就意味着早点儿儿长记性，把那些吃过的苦和流过的泪都转化成经验，避免重蹈覆辙；早点儿吃亏，就意味着早点儿认识自己，抛开外在的浮华和旁人的眼光，听从内心的声音；早点儿吃亏，就意味着早点儿把玻璃心换成钻石心，及时发现，及时止损，及时改善。以后的路上再碰到旋涡暗礁，才不至于磕得头破血流，失去翻身的机会。

下一次，当你吃了闷亏，不用急着懊恼和伤心，告诉自己：幸好现在不算太晚。

38. 高情商不会委屈自己

土豆经常被人吐槽情商低。

她从国外出差回来，兴致勃勃地聊起当地的风土人情。同事们听得高兴，免不了追问："你带了什么特产回来？"土豆愣了一下，诚实地摇了摇头："你们没让我帮忙带啊。"办公室的气氛一下子就微妙起来，大家笑了笑，各自都开始忙碌手上的工作。

她和部门主管一起去开会，老板对她们部门的策划方案很感兴趣。应他的要求，土豆详细地讲解了她的方案，全程都没有提主管的名字，PPT上也只有她个人的署名。尽管老板点名表扬了她，散会后，主管还是黑着一张脸，始终没有吭声。

她和男友有约会，合租的室友也打算出门逛逛，热情地问道："要不我们一起吧，我保证不会打扰你谈恋爱。"土豆直截了当地拒绝了，理由是"不方便"，或许是没想到她这么不留情面，对方惊愕而恼怒。

"我知道他们背后都说我情商低，可我觉得我没做错啊。"土豆的困惑写在了脸上。

她知道给同事的回答有些伤人，但那是实话啊。她们办公室的情分并没有深厚到给彼此带伴手礼，以前遇到出差，谁如果需要带东西，就提前和对方打个招呼，所以，她怎么会平白无故地想到给大家带伴手礼呢？难道就为了缓和当下的气氛，她应该选择说句好听的谎言吗？

她知道主管不开心被她抢了风头，但那个方案确实从头到尾是她一个人做的，既然她有这个机会，凭什么白白地要把功劳让出去？再说了，公司里只靠实力说话，今天老板如果看重的是主管，明天她这个没有用的员工就该收拾东西走人了。难道她要为了一时的和谐而忍气吞声吗？难道她要为了照顾情面而委屈自己吗？

她知道室友是想占小便宜，蹭一顿饭和一场电影。这确实不是什么大事，忍一忍也就过去了，她们毕竟住在一个屋檐下，对方要是开心了，她的日子也会更顺心。可是她有义务要这么做吗？请吃饭，请看电影，这确实是一个让双方皆大欢喜的举动，但就算她这么做了，那也是出于她的大方和友善，对方不能当成是她的义务，她没有义务取悦任何人。

所以，高情商到底应该是什么呢？是和土豆不同的选择？是漂亮的说谎？是忍辱负重地委屈自己？是察言观色地取悦对方？

不知道从什么时候开始，情商成了一个流行的词，大家动辄挂在嘴边，无形中有了这样的认识：情商高就是说话做事让别人舒服。

乍听之下，很有道理，仔细想来，却不是那么回事。难道高情商就是随时随地地考虑别人？如果自己与别人发生冲突呢？可能是利益，可能是心情，可能是面子……我们也需要委屈自己，成全别人的"舒服"吗？

这个逻辑显然有漏洞。我们作为当事者中主观的一方，即"我"的时候，以对方的感受为主；当我们作为当事者中承受的一方，即"别人"的时候，我们还是时时照顾对方的心情和情面。是，大家都因此夸我们高情商，这是高情商吗？这是圣母。

我们每个人都活得不容易，别人有的烦恼，我们照样有；别人有的压力，我们也不缺；别人有的虚荣和渴望，我们只多不少。那凭什么我们要时时照顾别人的心情，事事考虑别人的舒服？就为了等别人称赞一句"高情商"？就为了面上的和谐？但关系的建立和维护都是双方的，既然对方没有考虑到，或者根本不屑考虑，我们为什么要出头？受益的是对方，做出妥协的是我们，难受的也是我们。

一个高情商的人是不会陷入这种尴尬和进退两难的境地的，真正的高情商，是讨好了别人，却从来不委屈自己。

鲸鱼是一个摄影师，小有名气，在一次摄影大赛中，她的作品击败了对手，捧回了第一名的奖杯。

对方同样是个女摄影师，资历比较深，和她打过一些交道，但交情不深。酒会上，他们碰面了，对方说话有些硬邦邦的："真是后生可畏，我拍了这么多年，就是比不上人家一个小姑娘有本事。"当着许多大咖的面，鲸鱼佯装没有听出对方的含沙射影，她笑容满面地回答："论技术我当然比不上前辈，不过摄影嘛，一个看技术，一个看设备，太老旧的东西是跟不上潮流的，您说是吧？"

鲸鱼当众提出要送对方一款新出的镜头，这让原本怀疑她话里有话的女摄影师放下了戒备，两人一时热络地聊了起来。背地里，大家都对鲸鱼称赞不已。等第二天对方接到她的快递，才发现是一个长焦广角镜头，这可真是赤裸裸的反击：眼光长远点，心胸大一点，才能看到好风景。

要说考虑别人，鲸鱼确实给对方留了情面，在公众场合，大家求的也不过是面上和平，她做到了；要说考虑自己，鲸鱼也绝对没有委屈，对方既然出言嘲讽，她也原封不动地还回去了。

这才是高情商。

相比于鲸鱼的游刃有余，土豆显然还差得很远。她确实做到了不委屈自己，但她确确实实没有考虑到别人。

我们会遇到各种大大小小的难题，不是非要说谎不可，不是非要委屈自己不可，也不是非要取悦别人不可，但我们确实可以处理得再委婉一点，再合情合理一点，而不是做另一个土豆。

鲸鱼有一次去以色列拍片，朋友知道以后，兴致勃勃地问她："我可以跟你一起去吗？反正你可以报销差旅费。"她是去工作，又不是去旅游，况且她的差旅费也不是无限额的。她当然不愿意带一个会花钱的累赘，但她并没有拒绝："应该可以吧，我们领导不去，只有一个剪辑师和我一起去。"

对方就有点不好意思了："原来不是你一个人啊，那不太好吧，我怕你同事会说闲话，到时候告诉你领导。"鲸鱼反而劝道："没事的，到时候我们请他吃顿饭呗。我就是担心你一个人出去玩不安全，到时候你得找个导游陪着，哎，你口语还可以吧，应该能交流。"

对方追问："你不陪我吗？"鲸鱼便详细罗列了自己的拍

摄行程，表示她完全没时间陪同。对方立刻打消了念头，她没必要为了贪一点小便宜，把自己扔到人生地不熟又不能沟通的城市。

整个过程里，鲸鱼顺利地达成了自己的目的，但对方丝毫没有不满和怨恨。

高情商不是牺牲自己来成全别人，但也不是只顾自己却不给别人半分余地。

高情商不是委曲求全，而是双方兼顾，彼此共赢。

高情商不是一种手段，而是一种态度。

高情商不是圣母，而是善待自己之余，去扮演一个和事佬。

39. 你的善良，必须带点锋芒

善良的姑娘应该是什么样子的？

会在地铁口遇到那些求助的人，毫不犹豫地捐钱？会因为同事急着下班约会，主动帮忙做完剩下的工作？会把宠物狗送人，避免吵到楼上的老太太？

这些事情，甘蓝都做过。

她纯真温厚，对人和善，富有同情心，是个真正的好姑娘。可是，她的善良，并没有换来这个世界的温柔以待。

甘蓝的男友来自农村，父母的积蓄都用来供他念书了，两人谈婚论嫁时，他一没房子二没存款，连婚礼都是甘蓝的娘家帮忙张罗的。

甘蓝并没有计较这些，不仅如此，她怕婆家折了脸面，还私下拿出了10万块塞给他们，用来冒充彩礼钱。甘蓝的爸妈并不知道，以为是老两口借的，于是又原封不动地退了回去，这钱却没有退到甘蓝手上，被公婆留下来了。

"我知道你是个好姑娘，你们结了婚，自己又有工作，你爸妈还给你们买了房子，你们没啥可愁的了。"婆婆拉着她的手说，"我这小儿子还在上大学呢，花钱的地方多，这10万块你就当帮帮你小叔子吧。"

甘蓝心软了，这10万块便不了了之了。

婚后没多久，公婆就提出要和他们同住，理由是："两个儿子，成家的成家，读书的读书，我们老两口死家里都没人会发现。"

甘蓝心软了，收拾房间让公婆住了下来。

她怀胎十月时，小叔子要结婚了，女方未婚先孕，公婆忙着准备婚礼酒席，忙着和亲家讨论彩礼。婆婆和她商量："家里一下子有两个孕妇，我忙不过来。再说他们这结婚也是闹哄哄的，怕吵到你，你还是回娘家住几天吧。"

甘蓝心软了，陪产、生孩子、坐月子，都是她爸妈在身边照顾。

孩子渐渐大了，甘蓝辞职在家照顾，婆婆试图劝她："小孩子成天吃了睡睡了吃，我和你妈帮忙看看就行了，家里靠我儿子一个人养怎么行？"因为小夫妻俩已经做了决定，她又话锋一转，要把小儿子的宝宝接过来照顾，"反正甘蓝也在家，带一个孩子也是带，带两个孩子也是带，我还能帮忙看看。这样他们小两口都能去上班了，还能多挣点，你知道他们比不上你们，日子过得紧巴巴的。"

这一次，甘蓝没有心软。

婆婆错愕地指着她训斥："你怎么这么自私？那又不是别人，是你的亲侄子，能吃你多少米？花你多少钱？"她背地里向儿子嘀咕，这个媳妇"心肠太狠""吃独食"。

甘蓝没有理会，直接跟老公摆明了态度："我不同意。"

不是她不善良了，小叔子家里情况不好，所以婆婆一直住她家，时不时还拿钱去补贴，她都当作不知道；不是她变得自私了，她给宝宝买奶粉、衣服、玩具，全都是两份，另一份送给小侄子；她也不是心肠太狠，小叔的工作就是她帮忙找的，他老婆的工作也是她托关系、找门路……她还是那个她，但她不想再善良得有求必应了。

生活教会了她一个道理，不是每个人都会用同等的善意来回应她，更多的时候，更多的人只是想着怎样从她身上汲取更多的善意，然后为自己谋利。

今天她可以答应照顾小叔子的孩子，但谁知道对方明天又会提出什么要求？供他读书，供他出国，供他买房子？反正理由是现成的：你这么善良，就不能帮帮我？

善良不是用来被勒索的，也不是用来被道德绑架的。

善良不是被迫的，一个人的善良是出于他美好的修养和品行，而接受者不能把它看成理所当然，也不能理直气壮地去要求。

善良不是单方面的，单方面的善良就成了贪婪的索取，和善良的初衷背道而驰。

每个心怀善意的人都不应该给别人可乘之机，都不应该一味地心软，都不应该被消费和侵吞。

所以，我们的善良要有点锋芒。

妙妙在办公室的人缘一向不错，她性格和善，助人为乐，更重要的是她虽然心地柔软，但并不柔弱。大家既亲近她，又不会趁机欺负她，这种喜欢里夹杂着一股敬意。

妙妙每次处理自己的垃圾时，都会顺手帮同事收拾了，然后把可用的整理打包，送给楼下的清洁工。但如果有同事使唤她："妙妙，你怎么不拖一下地？脏死了。"她会义正词严地拒绝："为什么要我拖？今天轮到谁值日了？要是不想做，让我帮忙也可以，值班费给我啊。"

因为公司楼下有一只野猫，总是看到它荡来荡去，瘦巴巴的，她经过时就会喂它。所以她办公桌上时不时会有一些猫粮，但如果有同事想占便宜："妙妙，你这猫粮不便宜吧？喂野猫多浪费啊！我们家养了只宠物猫，这猫粮给我呗。"她会一本正经地拒绝："可以啊，一包算你两百块。"

工作忙的时候，部门常常加班，有时，那些已婚的同事急着回家接小孩、做饭，妙妙会主动帮她们做些收尾的工作。但如果有同事招呼都不打就早退，她会装作不知道，任由没干完的事堆在那儿，等着第二天老板来问责。

谁说善良就一定任由欺负？谁说善良就不能咄咄逼人？谁说善良就没有锋芒？

妙妙是个善良的姑娘，但她的善良有对象，那些需要帮忙的人才值得付出善意，那些贪图便宜、不懂感恩、小肚鸡肠的人，只会浪费她的时间和精力。她的善良有底线，一次两次的求助可以，但如果理所当然地巴着她，活得像寄生虫，只会增加她的负累和麻烦；她的善良也有骨气，不会为了别人的夸赞而去做好事，也不会因为别人的不理解而停止做好事。

这才是善良的姑娘该有的样子。要心怀善意，也要有点锋芒；要柔软，也要有点刺；要有态度，也要有脾气，就像长了刺的玫瑰花，送出香气，也保护自己。

40. 别把最好的留到最后

钱钟书曾经说过一个精妙的比喻：同样的一串葡萄，拿到手以后，有人喜欢从最好的那颗吃起，而有人却喜欢从最坏的那颗吃起。理论上，前者吃的葡萄是越来越差的，只有回忆，而后者吃的葡萄是越来越好，还有期待，所以大家得出的结论是：要把最好的留在最后，这样生活才有盼头。

可是事实上，第一种人比第二种人更客观，他每吃一颗都是吃剩的葡萄里最好的；而第二种人他每吃一颗都是吃剩的葡萄里最坏的。

是的，他是想着越来越好，想着最后品尝那颗最好的葡萄，但等他吃完那些坏葡萄，好葡萄也慢慢坏了。到最后，他吃下的都是坏葡萄。

生活也是这样子，我们别把最好的事留在最后。

叮叮的妈妈是个先吃坏葡萄的人。

叮叮每次年底回家时，都会给爸妈准备大包小包的礼物，衣服、鞋子、美食等。拿到新衣服，妈妈总是最关心价格，哪怕叮叮随口报一个价，她也会心疼地嘀咕："太贵了，这么好的衣服，留着过年穿吧。"

于是，只有除夕夜的时候，妈妈才会穿上新衣服。第二天就舍不得了，仔仔细细地熨过，挂在衣柜里，整年都不会翻出来穿。叮叮劝她："衣服就是用来穿的。"妈妈振振有词地反驳："我还有衣服穿啊，这新衣服先留着。"

到了第二年，叮叮再给爸妈买新衣服，她照样舍不得，过年时才会穿一次，平时穿的就是去年那件衣服。

叮叮发现了这个哭笑不得的事实：她妈每年都舍不得穿新衣服，搁着搁着就旧了，等有下一件新衣服时，她更舍不得，才会穿原先那件新衣服，可是它已经是旧衣服了。

她妈一直就在穿旧衣服，但她明明是有机会穿新衣服的。

其实，在不知不觉中，你很可能就成了那个永远穿着旧衣服的老太太。

七八岁的时候，你喜欢看动画片，可是你每天要上课，写作业，陪妈妈遛狗，听奶奶讲故事，你觉得自己很忙，你决定把这些事都忙完了以后，好好地窝在沙发上看动画片，什么也打扰不了你。当你终于忙完了，兴致勃勃地吃着零食，打开电视，却发现动画片已经放完了。

18岁的时候，你喜欢上一个男生，他也喜欢你。但你想的是自己配不上他，你觉得自己应该再等等，再优秀一点，再成熟一点，再自信一点，让最好的自己遇到最好的爱情。当你终于变成想要的模样，那个男孩早就不见了，再也没有白衬衣的少年和那段纯纯的爱。

28岁的时候，老公想要一个孩子，你拒绝了。你告诉他，现在没有房子，没有车子，没有存款，拿什么来养个孩子？你希望再等上几年，等两人工作更稳定了，等工资更高了，等房贷还完了，你要把最好的一切给孩子。当你终于有能力了，你却发现年纪大了，很难怀上孩子了。

生活每时每刻都充满了未知，你为什么总想着把最好的留着？最好的花要及时观赏，留到最后只会枯萎；最好的人要趁机抓住，留到最后只会错过；最好吃的食物要赶快享受，留到最后只会变质、变馊。

活在当下才是最好的。

Coco的人生计划很清晰，读完大学，出国深造，回国工作几年，然后再考虑成家。按照她的计划，她会在30岁的时候披上婚纱，她甚至已经把所有细节都想过了：她要在罗马办婚礼，去希腊度蜜月，婚纱选Vera Wang的，酒宴不要玫瑰，全部用风信子。她确定那时候自己有一掷千金的能力和条件，什么都会是最好的。

可是大学刚毕业时，男友就向她求婚了。Coco有点蒙，最初的错愕之后，她答应了。

他们的婚礼办得有点仓促。两人都没有工作，经济拮据，也不好意思向父母开口，于是就选了一家普通的酒店，宴请了少数的亲友。

没有想象中的大教堂，没有牧师，没有铺天盖地的花海，甚至没有一件名贵的婚纱。但是，当男友把婚戒套在她手上时，Coco还是忍不住哭了，满腹感动，她想自己的决定是对的。

因为她急着出国，他们没有度蜜月，男友将她送往国外，然后一个人回国工作，就这样开始了异地婚姻生活。

这当然和Coco的计划差得太多，朋友们也都说她傻："现在你们什么都没有，这么早结婚干吗？"她以前何尝不是这么想的？女人一生最好的时刻，不就应该留到最后吗？留到风波都过去，留到时机都成熟，留到条件都具备，那时候才叫惊艳。可是谁能保证那时候她能像现在这样幸福？是的，她现在虽然贫穷，虽然异地分居，虽然还忙于学业，但她确确实实很幸福，计划被打乱了，心情却没有被破坏。

　　或许三五年之后，她真的比现在强大，能给自己一场奢华的婚礼，但谁能肯定那场婚礼一定会按计划举行呢？可能她变心了，可能他男友早就娶了别人，可能他们像狗血剧里演的那样，得了绝症。

　　明天太遥远了，把一切都寄托在明天，还不如抓住眼下。

　　不是每个人都能像Coco这样，看得清楚，想得明白。更多的人是像叮叮妈妈，因为舍不得，因为不确定，所以不敢抓住眼前的美好，还巴巴地挑选着时机。

　　就像大冬天里，你有了一碗热汤，现在不喝，它就放凉了。

　　就像你买了一件漂亮的连衣裙，眼下不穿，等过了夏天，等到了明年，它就旧了，不合身了。

　　就像你意外得到了一颗糖果，当时不吃，揣在兜里，不知不觉它就融化了。

　　就像你舍不得那坛好酒，埋在树下，埋成女儿红，那时不喝，等以后某种隆重的日子挖出来，你已经戒酒好多年了。

　　别再留着，享受最好的，就趁现在。

41. 先谋生，再谋爱

因为男友劈腿，小七的初恋结束得凄凄惨惨。她那时还在念大学，不到二十岁，懵懵懂懂的，连课也不上了，躲在被子里哭哭啼啼，整个人瘦得不成样子。

室友看不下去，拉着她出门散心。大家都是学生，也去不了什么酒吧和消费太高的地方，两人把步行街来回逛了两遍，最后进了一家店，点了两碗麻辣烫，灌了几瓶啤酒。

小七喝着喝着就哭了起来，她抱着室友说："我觉得自己好可怜啊！没有人喜欢也就算了，日子过得还这么惨，难受的时候只吃得起一碗麻辣烫。"

这话说得心酸，也实在。

或许每个姑娘都应该早早地认清这个事实：没有人爱你，只是一时的孤独；自己都没有能力好好爱自己，才真是可悲。

生活中总有这样的可悲：

当我们在朝九晚五中累了，想来一次说走就走的旅行时，却不得不考虑工作，只能认命地啃着面包，挤着地铁，继续累死累活地加班。

当我们在浓情蜜语中，想给恋人准备点惊喜或浪漫，却在商场的专柜前止步，厚着脸皮一次次问价，最后在白眼中离开。

当我们打算犒劳自己，买点奢侈品，却不得不考虑自己的口袋，精打细算，好不容易豁出去买个名牌包包，回家还心疼很久。

在没有充足的物质基础之前，拿什么来谈恋爱？拿什么来取悦自己的精神？所以，想来想去还是努力赚钱更靠谱，不然失恋了也只能幽怨地吃着麻辣烫，喝着三块钱一罐的雪花啤酒，哭得像个怨妇。要是挣了钱，我们还怕没有男人吗？就算伤心，那也是吃着牛排，喝着红酒，听着贝多芬伤心，哭也哭得像个诗人。要是再不爽，收拾东西就飞国外了，罗马、巴黎、意大利、地中海，浪漫的地方全转一圈，那点破事和那个男人早就沿途扔了。

这才是每个姑娘该走的套路，有钱，就有任性的资本，就有受伤的底气，就有治愈的能力。

阳是我同校的学姐，一个美艳而强势的女人，也是绝对的工作狂。她在一家公司做高管，除了必要的吃饭、喝水、睡觉和生理问题，她几乎把所有的时间和精力都投在工作上，办公室已经成了她的家，连法定的节假日她也会留下来加班。

她的理由很充分："我不工作，谁养我啊？"

每当家里人抱怨她太忙、太累、不着家，她转身就会向我吐槽："我要是天天宅在家，谁给他们买房买车？谁给他们请保姆？谁给他们安排一年至少两次的国外游啊？"

所以，抱怨归抱怨，阳依然还是忙碌，然后拿着忙碌得来的高薪犒劳自己。

有一天深夜，她突然打电话给我："小师妹，我失恋了。"

我满肚子的安慰还没说出口，她哭了两嗓子就停了："唉，不行了，咱们去泡温泉吧。我这一哭，脸上干巴巴的，估计鱼尾纹都出来了。"

她开着车来接我，连夜去了一家温泉山庄。

她泡在热汤里，贴着面膜，絮絮叨叨了半天，话锋一转，说道："你千万别给我灌心灵鸡汤，我知道怎么哄自己。等会儿我们去逛街吧，我要多买几双高跟鞋。不就是个男人吗？还不如一双鞋呢。"

我目瞪口呆，而她已经招手叫来服务员，要做一个全身按摩。

这一点儿也不像失恋的女人，但不得不说，这真叫人羡慕。有多少女人在失恋后，灰头土脸，狼狈不堪？又有多少女人在失恋后要死要活，从此一蹶不振？她们不是不想重新开始，而是没有那个振作的能力。

我们该向阳学习，一个经济独立的女人，在难过的时候都那么强势而无畏。是啊，我怕什么呢？没有男人对我好，我照样能对自己好，逛街、购物、旅行，这些都能让我快乐起来。我甚至能在最短的时间找到下一个男人，因为我一如既往地光彩照人。

失恋并不可怕，可怕的是我们失恋的状态。

如果我们没有稳定的工作，没有容身的地方，没有衣食无忧的条件，那我们失恋时，就会像失去了全世界一样；相反，如果我们什么都有，什么都不怕，失恋就像从全世界里抽走了一样东西而已，只是一样东西，既不会伤筋动骨，也不会天崩地裂。

对每个姑娘来说，钱就是这么重要。

不单单是钱，工作，朋友，稳定的生活状态，这些都很重要。当我们拥有了这些，才能肆无忌惮、痛痛快快地投入爱情，哪怕受伤也不要紧，因为我们能自我痊愈。

我们肯定更愿意泡着温泉，敷着面膜，跟朋友吐槽那个劈腿的男人；而不是一个人孤零零地在马路上来回逛，坐在路边的长凳上号啕大哭。

我们肯定更愿意去巴黎哭，去罗马哭，去意大利哭；而不是愁眉苦脸地躲在家里，或者顶着一双红通通的眼睛去上班，然后被八卦的同事追问。

我们肯定更愿意光鲜靓丽地出现，去认识新的男人，或许是高尔夫球场的搭档，或许是头等舱里坐在隔壁的乘客，或许是酒会上的某个陌生人；而不是坐在烧烤摊上喝啤酒，半醉半醒，抱着垃圾桶大吐。

阳很快又交了一个男友，年轻帅气，小她好几岁，两人如漆似胶，没多久就到了谈婚论嫁的地步。周围的朋友都劝她："这男的看着就不靠谱，年纪小，没定性。"

阳霸气地放话："反正我是靠自己，什么都不缺。他怎么样我无所谓，要是真的变心了，我就当花钱养了一次小白脸。"

能谋生的女人，总是这么底气十足，连爱情也不能打败她们。

因为自己永远不会背叛和伤害自己，当我们真正独立了，不用靠任何人，也不用期待任何人，也就没有失望和痛苦了。

哪怕遇到再大的困难，看看自己的存款，看看自己的工作，看看自己稳定的圈子，我们心里就踏实了，什么事都是能撑过去的。

42. 恋爱看五官，也看三观

办公室里那个整天嚷嚷着要脱单的小姑娘，终于在一次相亲会上，找到了白马王子。据她说，那是一个长得像胡歌又像杨洋的大帅哥。

虽然我们想象不出这是一张什么样的脸，但可以确定的是，小姑娘对这张脸满意极了。毕竟她是个颜控，每天宁可对着电脑屏幕上的小鲜肉流口水，也不肯认认真真地相亲；因为她之前遇到的相亲人士都是歪瓜裂枣。

"这次我捡到宝了。"小姑娘笑得就像偷了腥的猫。

没多久，小姑娘就蔫了，她翻出对方的朋友圈给我看，苦恼地说道："他怎么跟看上去有点不一样？"

那个长得像胡歌又像杨洋的男人，显然和她的兴趣爱好完全不同。她喜欢影视追星，他转发的却都是政治新闻；她喜欢美食，他晒的晚餐却是泡面，各种口味都有，毫无疑问，他不会做饭，对吃的也不怎么讲究；她喜欢发点矫情的小诗，他的朋友圈完全没有半点文艺风；她不喜欢自拍，连照片都很少，而他似乎定期健身，每次必发一张半身裸照。

看起来，这应该是个长得好、性格糙、有点闷骚又有点大男子主义的人。

"唉，长得那么像我爱豆，为什么性格不像呢？"小姑娘苦恼极了。

尽管意识到两人可能性格不合，冲着那张脸，小姑娘还是坚持下来。办公室的姐姐们都鼓励她："谈恋爱嘛，赏心悦目就行了，我男朋友要是长得那么下饭，能省多少老干妈啊！"

约会结束，小姑娘垂头丧气地向我们宣布："还是分了。"

两次约会都糟糕透了。她原本以为，看在那张脸的分上，他们或许能认真谈一场恋爱。再说了，谈恋爱就是卿卿我我嘛，性格和观念合不合，似乎也不重要。

事实证明，这真的太重要了。

第一次约会，他们去看了电影，买票的时候，他们就起了点小争执。她想看新出的喜剧爱情片，他呢，选了一部警匪片，她虽然没拒绝，但是难免有点闷闷不乐，况且整部片子看得她昏昏欲睡。出了电影院，他们一起吃饭，为了避免再次发生矛盾，她主动说了自己的喜好："我想吃牛排。"他犹豫了一下，还是答应了，但送她回家的路上，他吞吞吐吐地暗示："你花钱太大手大脚了。"

第二次，他们约着去看画展，他全程都在打哈欠，哪怕是她兴致勃勃地在一旁讲解，他要么无聊地东张西望，要么低头玩手机，结束时还抱怨："有时间看这玩意儿，还不如回去看两集电视"。这天的晚饭，他带她去了一家湘菜馆，没有问过她的意见，而她从来不吃辣。如果说这只是口味上的差异，那他在饭桌上旁敲侧击地追问她的工作和薪水，这让她非常抵触，况且他还提醒她："以后工资我来保管。"

我花钱大手大脚，可是我也能挣钱啊！又不需要你掏腰包，你为什么在那里指手画脚？我喜欢看画展，那是我的兴趣和爱好，你可以不接受，也可以不理解，你为什么要全盘否定呢？我的工资为什么要交给你？或许你认为女人就是男人的附庸，但我觉得女人就应该经济独立。

"看来谈恋爱也不能只看脸啊！"她无奈地感叹。

恋爱看五官，也得看三观，哪怕有一张再好的皮囊，如果三观不合，两个人恐怕也走不远。想想看，你喜欢健身，每天都坚持去健身房，而他指责你浪费钱，笑话你想减肥还不如少吃点；你喜欢旅行，攒够了钱，攒够了假期，就拖着行李箱到处浪，而他不仅不会陪同，还三天两头打电话催促你回程；你喜欢搜集口红，家里大大小小的积了一百来支，你觉得花自己的钱，让自己开心，没什么问题，但他却嫌弃你是败家娘们儿，还想管你的工资卡。

简单来说，一个喜欢黑夜的女人和一个喜欢白天的男人，他们是很难懂得彼此的，于是就有了分歧和争吵。

再帅气或漂亮的脸，也不能弥补观念上的缺憾。相反，如果两人心意相通、三观相近，那即使对方长得丑一点，说不定也能成佳偶。

你爱好运动，而他最擅长打篮球；你做得一手好菜，而他刚好是个以食为天的吃货；你喜欢买买买，而他觉得挣了钱就应该花；你讨厌化妆，而他欣赏的是素颜美；你是个宅女，而他也不喜欢往热闹里凑。

这样的关系才是稳固而和谐。当然，不是所有情侣都能做到三观完全吻合，但至少他们是相互理解的，他尊重并欣赏你的不同点。

叶青和男友是因为朋友介绍才认识的，第一眼，她也是看中他的脸。

他长得白净，瘦瘦高高，留着板寸头，笑起来有一个可爱的酒窝。叶青以为他是一个温和沉稳的人，熟悉之后，她才知道他有多呆萌，才知道两人也存在一些观念上的差异。

她很现实，而他满脑子的浪漫；她有拖延症，而他做什么事都很利落；她比较内敛，而他很开朗阳光。但是，总的来说，他们都是乐观主义者，他们都热爱自由，他们都坚持追求自己的梦想。

他们相处得很愉快，相近的三观让他们沟通起来毫无障碍，即使是在有分歧的问题上，他也能理解她的每个想法，她也会选择包容。

他喜欢各种精致的料理，她最喜欢的却是路边摊，但他不会嘲笑她低俗，她也不会讽刺他装逼。

他的工作是大学老师，比较清闲，而她是自由职业者，常常熬夜通宵，但他不会打击她为了一点微薄的稿费瞎折腾，她也不会嘲笑他朝九晚五的生活太死板。

他闲暇时爱好画画，画得不大好，特意去报了一个成人班，她有空就倒头大睡，但他不会笑话她懒，她也不会嫌弃他瞎折腾。

其实，这个世界上很难找到三观完全吻合的人，但你们必须相近，或者能相互包容。光靠脸蛋维系的喜欢是浅薄的，而三观则代表着彼此的精神世界，只有走进了，才能真正地握住。

43. 能力比美貌更保值

大吴第一次见到曲曲时，忍不住在心里嘀咕：这姑娘长得可真一般。

曲曲是画漫画的，她自己开了一个公众号，画一些喜欢的东西，粉丝多，人气很高。作为一个出版社的编辑，大吴的工作就是到处挖掘这些画手，让他们设计封面和插图。

曲曲是他遇到过的最有灵气的画手。没见面之前，他先见过画，以为那是一个清秀的小姑娘，弯弯的眼，小虎牙，笑起来又可爱又萌。但她实在太普通了，穿着宽松的大T恤，扎着低马尾，戴一副黑色粗框眼镜，在人群里随时都会被湮没。

面对他微妙的失望，曲曲似乎习以为常了。"把要求和截稿时间告诉我，你可以走了。"她话少，显得整个人更加沉闷。

大吴悻悻地摸着鼻子离开了。

合作多了，大吴对曲曲也越来越了解。别看这个姑娘其貌不扬，她的画是真好，拿了很多奖，在业内也小有名气，很多出版社和杂志都找上了她。

大吴经常找她催画稿，一来二去就熟了。她生活很自律，虽然一个人住，但每天三餐都是自己做，还会烘焙蛋糕和甜点；她还喜欢养些花草，阳台上摆满了生机勃勃的小盆栽；她的阅读量非常大，家里摆满了书；她总是喜欢到处画，桌布上、杯子上、鞋面上、台灯上，那些图案可爱而巧妙。

她那间小小的房子，就像一个奇妙的世界，就像她笔下所描绘的那些精妙，和她普通的外表完全相反。

大吴最后锲而不舍地追到了曲曲，同事都挺意外的，毕竟大吴是社里有名的帅小伙。曲曲也问他："你可以找个大美女的。"大吴笑了笑，他庆幸自己及时发现了曲曲的好。

这世上美女多了去了，但一个有才华、有内涵、有趣的灵魂太少了，外表或许重要，但那些不惜花大价钱整容的姑娘，她们并不知道，其实并不需要动刀子，才华同样能提升一个人的魅力。

有才华的姑娘，是腹有诗书气自华，在这个浮华的世界里，不骄不躁，不吵不闹。

有才华的姑娘，就有独立的资本，她们不依附谁，也不讨好谁，自顾自地美丽着。

如果把那些空有脸蛋的美女比作花瓶，那么，才华横溢的姑娘就是古董，哪怕看上去并不惊艳，但自有价值和内蕴，不怕有人不识货。

相比于美丽，才华能创造更多的价值。

点点一直嫌弃自己长得太普通，其实宿舍的四个女孩里，她是最清秀的了。但她并不满足，她一心想要变得更漂亮，做个回头率百分百的大美女。

大一结束时，点点去割了双眼皮。她原先是约上铺的室友一起，但对方并不领情，而是去参加了英语夏令营的培训。

此后每一年，点点都会做些面部微调的小手术，五官越来越漂亮。而她的室友呢，也一年比一年牛，过了专八，考了托福，一口流利的英语都能去尝试做同传了。

大学毕业时，点点换了第四个男朋友，而她的室友已经早早地进了一家专利公司。此后，两人渐行渐远，慢慢拉开了差距。

同学会上再见面，点点依然漂亮，身边陪着不知道第几任的男友。她忙着秀恩爱，也忙着秀对方给她新买的钻戒。她的室友神采飞扬，衣着得体，手里拿的包是点点再三要求才得到男友相赠的一个昂贵奢侈品牌，原来，她已经是一家著名专利公司的部门负责人，小有声望，薪资优渥。

点点心里觉得失落，为了满足物质需求，她只能不停地换男朋友，而她的室友却靠自己轻松获得，不用撒娇，不用整容，不用算计。

在前半生，翩翩一直觉得自己比表姐成功。她们一起长大，她因为一张漂亮的脸蛋，毕业没多久就嫁给了自己的老板，他大她几岁，脾气好，很懂得疼人。表姐毕业后又继续念硕士，她做学术的水平很厉害，于是又申请读博。

表姐留在大学当老师时，翩翩已经生下了二胎，一儿一女，幸福美满。就在表姐拿到教授的职称时，翩翩的老公出轨了，抛妻弃子，跟一个更年轻更漂亮的小姑娘双宿双飞。

她瞬间就崩溃了，她曾经有多嘲笑表姐死读书，现在就有多羡慕她的能干和独立，哪像她拖儿带女的，压根儿不知道以后的日子怎么过。

你看，如果一定要在美丽和才华之间做选择，那么才华是略胜一筹的。毕竟美丽太虚无，长得好看的人那么多，谁来给你的美丽打分？况且美丽又太脆弱，时间和风雨轻易就摧残了它，难以维持，而年轻好看的姑娘随时随地都会冒出来，你的美丽能有多少竞争力？只有才华是能保值的，它是实实在在属于你，能为你谋生，也能为你充实内心的。

44. 谈钱见人品

哪怕是最好的朋友，也不要牵扯到钱，因为谈钱伤感情，谈钱见人品。

公司同一个部门的姑娘，最近和闺密翻脸了，一把鼻涕一把泪地向我们控诉对方冷漠无情。原来，她打算和男友领证，但房子的首付还没有凑够，于是她想到了自己的闺密，那是个货真价实的白富美，她想开口借一笔钱。

对方毫不留情地拒绝了。

"你说她什么意思啊？我们认识那么多年了，我什么时候找她借过钱？这不是特殊情况吗？她是怕我不还吗？"

两人大吵一架，不欢而散。还没等她平复心情，她又听到消息，那个白富美的闺密一掷千金，又换了新座驾。

这下，她彻底炸毛了。原本她还以为对方手头不方便，谁知道人家有钱，就是不肯借她而已，还振振有词："朋友之间就不要谈钱了，伤感情。"

她又气又恼，把认识十来年的闺密给拉黑了。

如果说人心藏妖，钱就是最好的照妖镜。

比如借钱这件事。不管是至亲，还是密友、同事、恋人，提到借钱，就像设置一场考试，而对方的反应就是答题，无关对或错，只是彻底地暴露了人品，让你彻底看清：爽快的背后可能藏着心机，亲近的背后可能藏着伪善，高冷的背后可能藏着温柔，冷漠的背后可能藏着笨拙的关怀。而这每一个人，都可能是你的身边人，平时笑容可掬或冷漠相对，那都是面具，只有在钱的面前，他们会脱下面具，不再掩饰。

这姑娘和闺密都没有做错，说到底，谁规定朋友一定要借钱呢？

宝霞结婚没多久，老公就检查出了淋巴癌，情况不怎么乐观，一家人跑遍了大大小小的医院。因为手术和各种费用，她把积蓄都搭进去了，房子也抵押了，她不得不向身边的朋友开口。

有人支支吾吾的，抱怨着手头太紧："孩子的学费都没凑够呢。"有人为难地掏出几百块，表情既难为情又无奈："我们家的情况你知道，这钱是少了点，但算我们的一点心意，你也不用还了。"有人冷笑着嘲讽："不是我说,这婚早晚得离,你借钱算什么意思?谁来还?"有人干脆闭门不见;有人赤裸裸地把话挑明,什么时候借,什么时候还,算几分利息;有人一改之前的熟稔和亲密,装成陌生人。

正因为挣钱不容易,而钱又维系着生存、理想和现实,所以我们都会有"小气"的时候。甚至还有可能,对方心有余而力不足,借吧,自家窘迫;不借吧,又落得凉薄的名声。

所以,不到万不得已,我并不鼓励向朋友开口。哪怕借了钱,那还有还钱的问题,同样考验人品。

嘟嘟最近和朋友Z撕逼了。

Z辞职后创业,找她借了一笔钱,数目不小,但她还是答应了。

嘟嘟家境不错,自己开了一家不大不小的花店,嫁的老公也是帅气多金。她朋友多,你来我往的,很亲近,所以Z向她开口时,她毫不犹豫地答应了。

到了约定的还款时间,Z迟迟没有动静,嘟嘟也没有放在心上。在一次聚会上,两人偶然碰了面,她就随口问了一句。当着大家的面,Z有些不以为然,又有些羞恼:"你又不差这点钱,还追着我要啊?"

这话听着不对味儿,嘟嘟不快地问道:"不是你说半年内还吗？我可没催你。"

"我也不是故意的，公司一直亏损，哪有钱还啊？"Z开始诉苦，"你放心吧，我肯定不会赖账。"

嘟嘟无可奈何，事后也提过几次，但Z都找借口推诿了。

"我最近手头不方便。"

"咱们朋友一场，你还怕我跑了？"

"大土豪，这点钱你也不会看在眼里，我会还的，你再等等吧。"

她不愿为了钱和朋友翻脸，一直隐忍不发。直到有一天，嘟嘟听朋友们说起Z正打算买房，她又生气又惊诧，找到Z质问："既然有钱计划买房，为什么就是拖着欠款不还呢？"Z不仅承认了，反而理直气壮地说："你以为我不想还？我不像你，有房有车，还有个好老公。我现在好不容易攒了点钱，连首付都没有凑够，反正你不差钱，要不再借我一点？"

嘟嘟气得说不出话，这是什么逻辑？因为我有钱，所以你就可以正大光明地来占便宜？因为我有钱，所以你就可以用道德来绑架我？

有人或许会说，借钱和还钱毕竟是特殊情况，其实花自己的钱何尝不检验人品？

当男友在你面前甜言蜜语，"我愿意为你摘下天上的月亮"，"我的就是你的"，你感动并相信了。但是你们约会时，电影票是你买的，饭钱是你掏的，连回家的出租车钱都是你买单，难道你还看不出他的吝啬和虚情假意？

当老板义正词严地说着"要体恤员工"，"我们就是一个团体，就是一家人"，你热泪盈眶，恨不得鞠躬尽瘁。但是你的工资从来没涨过，加班永远是无偿的，别说公费旅行，公司连一次像样的聚餐都没有办过，难道你还看不出他的虚伪和资本主义剥削？

当室友口口声声说要做"相亲相爱的一家人"，"好得穿一条裤子"，你就对她亲如姐妹了。但是水电房租，你永远是出大头的；柴米油盐，你都包揽了；零食小吃，你买了一次又一次。难道你还看不出她的贪婪和自私？

有句话说得好，亲兄弟明算账。说来说去，钱会帮你检验感情，更检验人品。

45. 不打扰，才会有幸福

我住的小区楼下有一家面馆，店主是一对小夫妻，勤劳能干，早起晚睡。有时候我加班晚了，面馆还开着，灯光暖黄，零星地坐着几个客人，小夫妻的脸上都挂着疲惫。

有天夜里，我在店里吃面，小区另一个姑娘推门进来，大概也是熬夜时饿了。老板娘招呼她坐下，转身又进了厨房。

"你们店关门真晚，这也太辛苦了吧。"小姑娘随口聊了起来。

"这不是为了多挣点钱吗？"老板娘说。

"哎哟，挣钱的事让你老公去操心啊，不然结什么婚哪，男人就得养家。"小姑娘恨铁不成钢地数落她，"你看看我，反正我是锅碗瓢盆都不碰的，把自己熬成黄脸婆怎么办？男人得体贴老婆啊。"

老板把热汤面端上来时，她还在说个不停："别的不说，这里开餐馆的这么多，哪个老板娘像你这么辛苦哇？"

老板娘没有吭声。第二天，小区的人都听到了小夫妻的吵架声。

"你就是作！"

"我怎么作了？我跟着你就一直在吃苦，你看看人家老公，多会心疼人啊！"

老板娘偷偷地抹着眼泪，那些话不仅伤到了对方，也扎扎实实地伤到了自己。一想到自己是这么可怜，她越发难过，甚至开始怀疑自己从来没有幸福过。

她的婚姻真的不幸福吗？她每次来例假的时候，第一天都会肚子痛，她老公这天就会关店休息，不管她再怎么心疼收入，他都坚持；她有时候站了一天，累得冲他发脾气，他也好声好气地忍着，然后提前打烊；她的厨艺一般，只要他有空，都是他做饭；他把家里的财政大权让给她，她管着钱，他买包烟都得打个报告。

她曾经也觉得这样很好，可是当别人旁敲侧击地对比之后，她开始不满了。为什么她要这么辛苦？为什么她不能当个轻轻松松的全职太太？

说者无心，听者有意，因为一句无心的打扰，让一对原本幸福的小夫妻陷入了迷雾。

　　什么是幸福？你的幸福适用于别人吗？其实，我们永远不要用自己的眼光去评价别人，因为我们不懂别人的生活，也不曾涉足过对方的生活。我们贸然用自己眼里的标准和经验，来给别人下定义，往往会得出错误的结论，还会惊扰别人原本的幸福。

　　你不是她，她不是我，谁也不能感知谁的喜怒哀乐。

　　你的幸福，在她那里或许一文不值；她的快乐，在我看来，或许只是毫不相干的世界。

　　白真是一个从小镇上走出来的姑娘，家境普通，但她勤奋上进。到了大学，同学们都忙着恋爱、玩游戏、逛街购物，她却一边勤工俭学，一边泡在图书馆，准备考研。

　　她并没有觉得这样有什么不好，即使吃着食堂最便宜的饭菜，穿着几十块钱一件的T恤衫，每天忙忙碌碌地奔波，但她的每一天都充实而快乐。白真的室友却个个都家庭富裕，她们喜欢追星，热衷于时尚，常常翘课，成群结伴地出门游乐。

　　渐渐地，她们开始对白真的生活指手画脚。

　　"天啊，食堂的饭菜那么难吃，你也能忍？省钱也不是这么省的嘛。"

　　"你一天做几份兼职啊？是不是都没空出去玩？太可

怜了。"

"我这衣服好看吧？你要不要也去买一件？也不贵啦，才几百块。你身上那是什么？也太寒酸了。"

"别整天泡在图书馆里，你不去逛逛街吗？女孩子别灰头土脸的。"

白真心里渐渐失衡了，是啊，为什么别的女孩子都是光鲜亮丽地活着，而她的日子却那么不轻松？为什么她不能痛痛快快地逛街、玩游戏、谈恋爱？为什么她要低人一等？

因为这些困扰和失落，她再也回不到从前的坦然，做不了那个虽然贫穷但乐观好学的自己。

有了比较，就会失衡；有了失衡，就会不忿。

而这一系列的源头，就是源自我们的打扰。

我们总喜欢对别人指手画脚，常常打着"我是为了你好"的旗号，而那个"好"的参照物就是我们自身。可是很多时候，别人并不需要也不理解这种"好"，他们有自己的生活轨道，有条不紊地前行着，就像那些偏远的小行星，不起眼，不出色，但谁也不能自作主张，强行把它拽到自己的轨道上。他们会不适应，也会有强大的落差感，他们不仅不能如你所愿地幸福，反而会丢失原本朴素的快乐与平和。

我们自己喜欢吃红烧肉，看到那些吃青菜萝卜的人，就跳出来同情他们、施舍他们。但他们不会因此而得到更多快乐，只会打破过去的安然和习惯，就像乍然见了富贵的穷人，再也无法满足现状。

我们自己爱得高调而热烈，看到那些暗恋的姑娘，就出声刺激她们，鼓励她们。但她们只会更加意识到自己的卑微，黯然神伤，或许原本她想的就是默默地爱一场，与结果无关。

不评价别人是一种修养，不理会别人的评价更是一种能力。

阿图是部门的副主管，她进公司好几年了，资历老，能力不错，却一直没有再升迁。身边的同事陆续都升职了，熬不住的，也都纷纷跳槽走了，阿图却很安然，一心一意地守在岗位上，埋头做自己的事。

职员们私下议论她："不知道副主管怎么想的，要是我早就不干了，顶着一个副字，多难听啊！连比她后进来的徐主管都升上去了。"

话说得再难听，阿图也听之任之。别人怎么想、怎么看、怎么说，关她什么事呢？她自己的日子自己知道：工作清闲，薪水优渥，老板平易近人，即使职位升不上去，那也是瑕不掩瑜。

其实自己过得好不好，过什么样的生活，那都是和别人无关的选择；而你喜不喜欢，支不支持，那也是别人要走的路，和你无关。所以，我们不评价、不打扰别人的幸福，也不要让别人来吵醒自己的幸福。

46. 爱或喜欢，都是明码标价

Mei最近和公司新进的一个小鲜肉正暧昧着。

对方条件不错，是个海归，长相普通，但笑起来阳光迷人。而且他聪明伶俐，甜言蜜语张口就来，很快就笼络了公司一众单身女性。

Mei算是他的部门上司，彼此年龄相近，她又漂亮大方，他很有眼色，也很体贴，在每个细节上都让她惊喜——办公桌上从来不迟到的早餐，困倦时那一杯不烫不凉的咖啡，她加班时出其不意送上门的夜宵。他殷勤而不谄媚，Mei动心了，她觉得这份殷勤里肯定是包含了一些好感的。

然而，这段若有似无的暧昧最后还是胎死腹中。小鲜肉的恋情在办公室引起了不小的轰动，一方面是他脱单的动作太快太突然，另一方面则因为他脱单的对象是个毫不起眼的小职员，事后大家才知道，她是Boss的女儿。

Mei为此消沉了几天，不过她很快就想开了，小鲜肉撩她是真的，最后二选一时放弃她也是真的。

这没什么不好理解。世界这么功利，其实每个人的喜欢和爱都是明码标价的，他不是不喜欢你，只是你的斤两和价值，在他心上比不上别人。

她漂亮大方又怎样？她是上司，能提携他又怎样？她处处关照他又怎样？这些是给了他便利，这些是他喜欢的，然而这比不上一个Boss女儿能带来的机遇。

你可以指责他势利，你可以埋怨他小人，事实上，大部分的人会有这种通病。所以，你也一定有过这样的经验。

你喜欢同桌的那个男孩，比谁都留意。当他考砸了，你帮他讲解了一张又一张的试卷。可是你从来没开口表白过，因为你知道更重要的是高考，你知道不能惊扰班主任和家长，你的喜欢是浅浅的，还不够让你为他豁出去。

你在公司待的时间不短了，上司体贴，同事和睦，待遇也不错。当跳槽的机会摆在面前时，你没有答应，你觉得自己对公司是有感情的。一次，两次，三次，最后你还是离开了，因为对方提供的薪水更优渥，足以打动你。

你一直养一只泰迪，它又萌又可爱，还会黏着你撒娇，抱着它拍照总能引来一堆点赞。当男友真的送了你泰迪，你每天要照顾它吃喝，要给它洗澡吹毛，要带它出门兜风，要提防它在家里搞破坏……这些让你觉得又烦又琐碎，虽然你还喜欢它的萌，但你没多久就把它转手送人了。

生活中每时每刻都充斥着这种无形的估价。你就像货架上的商品，身上贴着透明的标签，等着被人挑选。同时，你也是那个顾客，货比三家，然后有了选择和舍弃。

你以为那个男同事主动接近你，是因为喜欢你的活泼可爱，其实他在你和另一个女同事之间掂量了很久，他喜欢对方的细心体贴，却受不了她的斤斤计较；你以为自己从众多的面试者中脱颖而出，是因为表现出色，其实老板不过是把你列为备选，他欣赏另一个人的能干，却不愿支付对方提出的高薪；你以为婆婆对你格外偏爱，其实她在几个儿媳妇之间游刃有余，她喜欢你的大方，喜欢小儿媳的嘴甜，喜欢大儿媳的勤劳。

谁也躲不开这种估价和被估价，在不知不觉之中，你身上被贴了不同的价格，也给别人贴了不同的价格。既然无法避免，那你要做的就是迎难而上，提升自己的分量和价值，让自己成为不可取代的那一个。

莎拉在一家公司实习，她伶俐懂事，又不缺能力，很讨经理的喜欢。有什么机会，经理总会特意叫上莎拉，当着大家的面，也毫不吝啬地展示自己的器重，仿佛一个亲切的长辈。

他们公司的实习生都是竞争上岗，二选一的比例，莎拉满心以为自己能留下来，经理的选择却出人意料，中选的是另一个姑娘。据说那个姑娘有些弯弯绕绕的亲戚关系。好在莎拉实在讨人喜欢，经理最后决定再给她一个月的实习期，因为表现出色，她最终还是留了下来。

但莎拉的心里是有点受伤的，虽然经理喜欢她，也照顾她，但这种喜欢和照顾还不及一个弯弯绕绕的关系。

伤心之后，莎拉前所未有的振作，她比任何时候都勤奋努力。每天上下班，她从来不会迟到早退，也不会像同事那样找各种借口休假；交到她手上的每个项目，她的业绩都很漂亮；她还挤出时间考了在职研究生，虽然辛苦，最后还是拿到了心仪的硕士学历。

莎拉不无得意地说："比我资历老的，没有我年轻机灵；比我年轻机灵的，没有我能干；比我能干的，没有我学历高；比我学历高的，没有我资历老。"

现在的莎拉已经成为经理真正意义上的左膀右臂，她再也无须担心自己会被淘汰，反倒是公司总担心她会跳槽。

如果你本身够分量，怎么会担心有人轻视？如果你本身够昂贵，怎么会被随随便便舍弃？

这世上没有无缘无故的喜欢，也不会有无缘无故的爱，它们都是建立在你自身的基础上的。你越优秀，越值得被爱，就会有越多的人爱；相反，如果你一无是处，谁会把你视若珍宝呢？

所以，你要把自己活成一件奢侈品，而不是可有可无的附赠品，这样才不会有被丢弃的担忧和惶恐。

47. 苦难不值得迷恋

入职的第一天，朱颜见到了大Boss。那是一个刚过完40岁生日的女性，坚韧能干，据说是她一个人白手起家，创立了这家传媒公司。

面对这样一个强势而不失美艳的女Boss，大家都怀着敬佩和赞叹，朱颜也不例外。尤其是在Boss致辞的环节，她声情并茂地讲述了自己的创业史，一个创业的女人总是更艰难些，摸爬滚打，说起来都是辛酸泪。尤其她是一个成功创业的女人，以胜利者的姿态回头看，很多苦头都可以拿来当作勋章了。

"我刚来北京的时候，连外卖都吃不起，只好自己学着做饭，买个电饭锅，煮点白米饭，再炒个最简单的青菜。

"我那时候为了跑采访，又舍不得打的，每次都提前好几个小时候出门，去挤地铁。

"夏天那会儿多热啊，为了省钱，我连空调都舍不得开。

"有时候为了多拍点东西，我连轴转，一天睡不到三四个小时。"

她最后长长地叹了一口气，总结道："现在的年轻人啊，就是吃苦太少了。"

大家纷纷点头，被那段励志而热血的创业史打动了。朱颜同样在那里附和，她甚至觉得自己该栽几个跟头，摔几次跤，那样才会成长起来。

渐渐地，朱颜却发现不对劲了。

因为Boss是"天将降大任于斯人也，必先苦其心志"的实践者和成功者，所以她分外推崇苦难，并且以此来要求她的每一个下属。

明明在室内可以完成的拍摄，她更喜欢让大家拍外景，让整个队伍连同器材来回折腾，既浪费时间，又增加成本。她的理由是："哪有舒舒服服的活儿？你们得多吃点苦。"

明明实习生可以搞定的事，她更喜欢让大家动手，比如扛三脚架、扛相机、买咖啡等跑腿的事。所以每次拍摄下来，大家都筋疲力尽。她的理由是："我像你们这样年轻的时候，都是自己动手的，这点苦算什么？"

明明已经计划好工作行程，采访的对象、时间和地点都定了，她更喜欢临时起意，为了精益求精，打乱一切安排，搅得大家人仰马翻。她的理由是："这算什么？你们就是要多磨炼几次。"

是的，我们要从苦难中长大，要吃过苦才尝得到甘甜，可是我们有必要这样自找苦吃吗？完全没有必要地增加成本，完全没有必要地消耗体力，完全没有必要地推翻重来，的确是很"苦"，但这种苦能让我们收获什么呢？除了筋疲力尽。

我们敬畏和赞美苦难，视它为对手，并不是因为它本身有多了不起，而是敬畏和赞美那股战胜苦难的能力，以及战胜苦难之后带来的胜利果实。

所以，吃苦的意义在于获得，而不是千疮百孔的过程。

就像我们小时候，爷爷奶奶总是念叨着"吃得苦中苦，方为人上人"，他们一条毛巾都可以用很多年，哪怕起球了、磨边了，也舍不得扔。至于那些好吃的、好玩的、好看的，他们都小心翼翼地珍藏着，不去碰，不去享受，反而竭尽所能地简朴和清苦，穿着褪了颜色的旧衣服，睡着硬邦邦的床，他们认为这才是生活的常态，认为吃苦才是值得肯定的。

苦难值得肯定吗？当然不，是那些战胜苦难的毅力和从苦难中获得的能力值得肯定，但我们忘了，那些毅力和能力赋予我们更宽广的路，更长远的目光和胸怀，是为了让接下来的路走得更便利，而不是为了继续和苦难纠缠。

我们应该战胜它、甩掉它、俯视它，而不是与之为伍。

左左每次回家过年，一定会和老妈起争执。她在国外留过学，工作后又是一个人住，已经习惯了自己的生活节奏——做饭喜欢一次做两顿，吃不完，下次用微波炉热一热，接着吃；她压根儿不碰油腥，买了洗碗机；也根本不碰脏衣服，都交给了洗衣机，全自动到烘干那一步；甚至连打扫也是保洁阿姨定期来，平时就交给了打扫机器人。

可是妈妈的观念和女儿完全不一样，她习惯了每天用冷水洗碗，习惯了衣服用手洗，习惯了一刻也不停地收拾屋子。她不习惯的是左左，她觉得女儿太娇气，总是念叨："这点苦都吃不了，你以后怎么办？你以后能干什么？"

左左以前怎么舒服，以后当然是一样的舒服，为什么要想尽办法给自己找苦吃？就因为吃苦是美德？这些苦的确能让人学会贤惠、勤奋和能干，但它的初衷不是让你用贤惠、勤奋和能干继续与它纠缠。你有这个时间和精力，完全可以将它发挥到其他更重要的地方。

左左毫不客气地和妈妈争辩："你吃的这些苦才是没有什么用的！"

在条件允许的情况下，洗碗机、洗衣机、打扫机器人完全可以避免那些苦头，但左左妈依然乐此不疲地辛苦自己。当有人否决或者质疑她的付出时，她比谁都理直气壮地回应："你知道我为这个家吃了多少苦吗？"她需要这个动作来满足自我的心理需求，来说服自己：我也是做了点什么的，并不轻松的。

你有时候会不会就像左左妈一样，遭受着所谓的"苦难"，坚持不懈，忍辱负重，把自己感动得一塌糊涂，然后凭借着这种自虐带来的满足，来安慰生活中的不如意？

当你把某件事搞砸了，你不会正视心里的遗憾和难堪，而是对自己说："没事啊，我努力过了，你看我吃了那么多苦头。"

当你碌碌无为，嚷嚷着平凡可贵，你不会承认自己的不足之处，而只是固执地用吃苦来麻痹，来标榜自己的付出。

当你终于功成名就，站在万人瞩目的高处，你说那些都得益于苦难，不是的，促使你成功的并不是苦难，而是战胜苦难的你。

朱颜后来离开了那家公司，同时离开的还有好几个能力很不错的新人，甚至还有公司重量级的元老。那家公司不一定会因此而衰败，但这从另一个侧面证明了，不是人人都迷恋苦难。

　　苦难并不值得迷恋，别把它当成一种镜花水月的安慰，要把它当成通关路上的关卡，战胜它，忘了它。

48. 你不是笨，你是懒

大学刚毕业的果冻正忙着找工作，面试了好几家公司，却都是石沉大海，没什么回应。她沮丧地窝在家里，垂头丧气。

她是我微信上面的粉丝，经常给我留言。

"你不找工作了？"

"我觉得我好笨，没有公司会要我的。"果冻心情低落，一一列举了自己糟糕的面试情况。

第一家公司是知名外企，离家也近，但为了配合美国时间，要求每天早上7点就得到公司开早会，有时候还得加班，她觉得她没办法做到天天6点就起床，时不时还得夜里12点回家；第二家公司问她，愿不愿意在入职前参加一个基础培训，她没有答应，因为她觉得上个班而已，还要像学生那样听课做笔记，太麻烦了；第三家公司的薪水高，待遇好，工作也轻松，但离家有点远，她每天需要挤两个小时的地铁，她还是拒绝了，帝都的地铁挤着太恐怖。

爸妈忙着安慰果冻，姐姐却恨铁不成钢："我看你不是笨，你是懒！"

她是真的笨，不知道在知名外企工作对以后的职业生涯很有帮助吗？她只是懒，不想加班，不想累。

她是真的笨，不知道入职培训的重要吗？不知道这对她将来的工作有利无弊吗？她只是懒，不愿意花那个时间。

她是真的笨，不知道好工作就像好男人，可遇不可求吗？她只是懒，不肯早起挤地铁，不肯吃一丁点苦。

笨是能力问题，而懒则是态度问题；笨是无可奈何的事实，而懒则是别有用心的借口；笨是一次又一次的尝试，让你止步于成功之门的顽疾，而懒是一次又一次的躲避，是拦在你前进路上的绊脚石。

Lena最近向我抱怨，她们报社部门新招了几个实习生，个个都是一言难尽。

"是手脚笨，还是脑子笨？"

"不是笨的问题，笨一点也没关系，新手嘛，肯定什么都要教。问题是现在的年轻人可真懒，你想教，人家还不想学呢。"

实习生A伶俐活泼，跑得了新闻，写得了软文，打得了广告，但她有些根深蒂固的坏毛病：采访前，她从来不准备提纲；采访时，她也不会录音；拍了照片，她也总是忘记备份。有一次，因为相机出了故障，很多新闻照片都丢了，差点引发事故，A楚楚可怜地向领导哭诉："是我太笨了，这点小事都弄砸了。"Lena恨铁不成钢地骂她："你就是太懒了！"

作为记者，她当然知道那些专业素养有多重要，但是她懒。采访提纲、录音、备份，的确不是非做不可，那是为了防止意外的发生，所以A直接省了这些步骤。明明只要一些不费力的努力，就能做到万无一失，为什么要偷懒呢？

实习生B是跨专业的，对采访、摄影一窍不通，刚来报社时，Lena就让她多看看，多学学。她确实买了一摞专业书，还拜了一个师父学视频剪辑，但两个月过去后，那摞书还原封不动地堆在办公室里，而她有空就低头玩手机，几乎没有见过她在剪辑室出现。在实习生的考核中，B拿了最低分，她羞窘地解释道："是我太笨了，怎么学都学不好。"这次，Lena连骂她懒的欲望都没有了。

她不是不知道自己该学什么，该做什么，但是她懒。她是贪图轻松，宁可把时间和精力用在玩乐上，最后里子和面子都丢了。明明只要用心，就会有所收获，为什么要偷懒呢？

Lena直接放话："除非你们肯改一改，不然你们以后也就这么废了。"

她讲了自己当实习生的往事，辛苦而不敢懈怠。

那时候她是真笨，一个中文系的姑娘，连相机都没有摸过，就跟着老师去做采访。她弄不懂，回去就买了教材，花半个月的时间，把所有理论研究了一遍；她学不会，就拿个笔记本，时时刻刻地记着，不管老师说什么，密密麻麻的一大片；她没经验，遇到报社有采访，她就跟过去，从打杂的到旁听者，最后到助手。

谁能想象，当初那个什么都不知道的小姑娘Lena，现在已经是报社的名记者。她的成功秘诀就是勤奋。她说："年轻时，别偷懒。"

因为懒，我们错过了到手的机会；因为懒，我们封存了自己的实力；因为懒，我们被旁人远远地甩在后头。

可是，我们有什么理由懒？比我们聪明的人都在努力和勤奋，我们却还一次次放纵自己。

我们懒于对工作投入，将时间和精力都用来约会、购物、看电影，事业暗淡时却抱怨机遇从来不曾光临，宽慰自己"是我太笨了，能力有限"。

我们懒于对爱情和友情的维护，对那些身边的人，有需要则呼叫，没有需要则抛在脑后，感情疏远后却抱怨人心难测，自己笨拙得不会处理。

我们懒于对生活的规划，有一天过一天，走一步看一步，山穷水尽时却抱怨自己蠢笨，做了错误的选择。

这种懒惰会毁了我们。它让我们陷于安乐，渐渐忘了自己的雄心和壮志；它让我们停滞不前，守在一个圈子里混吃等死；它让我们不知不觉变成了面目可憎的人。

科比有句话曾经流传一时，当记者追问他为什么会取得巨大成功时，他问道："你见过凌晨4点的洛杉矶吗？"

即使是篮球天才，也不敢有丝毫的懒惰，更别提我们这些普通人。

Lena就无数次向我提起过，为了赶新闻稿，为了跑热点，为了抢版面，她常常不吃不喝不睡，有时候一天工作十多个小时。别说凌晨4点的北京，凌晨3点、凌晨两点……她都见识过，别看她在业内小有名气，她却不敢像任何实习生那样偷懒。

我们总是盯着别人的光鲜和成功，却忘了他们在背后比谁都努力和勤奋；我们总是唏嘘自己的不如意，却忘了我们私下是多么懒惰和安逸。

我们也曾对现状有过各种不满，试图振臂高呼；我们也曾心怀远方，想要踮起脚尖，眺望更好的风景；我们也曾立下宏愿，不惜血与汗去拼搏。但我们很快就放弃了，因为懒惰成性，也因为坚持太累，而放弃太容易，于是，我们对自己说："我做不到，是我太笨了。"

其实我们一点儿也不笨，我们只是太懒了。